VOGELKAARTEN

As kingfishers catch fire, dragonflies draw flame;
As tumbled over rim in roundy wells
Stones ring; like each tucked string tells, each hung bell's
Bow swung finds tongue to fling out broad its name;
Each mortal thing does one thing and the same:
Deals out that being indoors each one dwells;
Selves — goes itself; myself it speaks and spells,
Crying What I do is me: for that I came.

I say more: the just man justices;
Keeps grace: that keeps all his goings graces;
Acts in God's eye what in God's eye he is —
Christ. For Christ plays in ten thousand places,
Lovely in limbs and lovely in eyes not his
To the Father through the features of men's faces.

Gerard Manley Hopkins, 1882

Jane Toerien en Joyce van Dobben

Vogelkaarten

De helende kracht
van het vogelrijk

Altamira-Becht · Haarlem

Voor wie mij lief is

Voor het Nederlandse taalgebied:
© 2004 Uitgeverij Altamira-Becht BV, Postbus 317, 2000 AH Haarlem
(e-mail: post@gottmer.nl)
Uitgeverij Altamira-Becht BV maakt deel uit van de Gottmer Uitgevers Groep BV

Vertaling: Aleid Swierenga
Omslagontwerp en zetwerk: Peter Verwey Grafische Produkties bv, Zwanenburg
Druk en afwerking: Giethoorn ten Brink, Meppel

ISBN 90 6963 616 6 / NUR 720

www.altamira-becht.nl

Inhoud

Voorwoord

Omdat ik zelf schrijver ben, geniet ik met volle teugen van de conceptie, de zwangerschap en ten slotte de geboorte van mijn boeken. Zo zie ik het echt! Het gaat hierbij om een holistisch proces, om energie die werkt op niveaus die lijken op die van ons geboorteproces. Ik krijg echter maar heel zelden de kans om deel te hebben aan het proces van een andere schrijver. Ik was heus niet aanwezig bij de conceptie! Deze voltrok zich bij Jane ongetwijfeld op een rustig moment van inspiratie, waarschijnlijk gevolgd door een gemakkelijke zwangerschap... en toen kwam de bevalling. Die verliep minder gemakkelijk. Er waren pijnlijke momenten van langzaam persen, momenten waarop de nieuwe baby niet snel genoeg kon komen en perioden van langdurig wachten terwijl de baby zijn eigen tijd koos om op de wereld te komen.

Al die tijd gaf ik haar de soort aanmoediging die bij een geboorte hoort, gemompelde woorden van steun, van lof en af en toe een advies. Nu de pasgeboren Vogelkaarten en het bijbehorende boek hun uiterlijke verschijningsvorm hebben gekregen, ben ik blij dat ik kan optreden als een soort vroedvrouw die ze met oprechte, positieve woorden welkom heet in de wereld.

Wat een geweldig staaltje van samenwerking hebben we hier! Eerst was er Jane, met haar vermogen om door het membraan tussen de fysieke en metafysische uitingen van het vogelbewustzijn heen te gaan, toen kwam Joyce, die het vogelbewustzijn kon doorzien en zich erop af kon stemmen en dat tot uitdrukking wist te brengen in prachtige, verhalende tekeningen. Twee mensen die in wat hun voor ogen staat en wat ze willen bereiken naadloos op elkaar afgestemd zijn. Dat komt echt maar heel zelden voor!

Sommigen van jullie weten misschien dat de natuur mijn leermeester was en is. Ik kan 'luisteren' naar de stille woorden die de natuur tot ons spreekt. Dit klinkt weliswaar eenvoudig, maar gemakkelijk is het niet. Er wordt van wie luisteren verwacht dat ze al hun opvattingen, ideeën, overtuigingen, verwachtingen en kennis over de natuur overboord zetten, waardoor ze volkomen ontvankelijk en gevoelig worden. Maar al te vaak staat de luisteraar daarbij zijn of haar eigen agenda in de weg

– angst en bezorgdheid over wat er in de wereld gebeurt of woede bij het zien van wat er ecologisch verloren gaat. Als je denkt dat de mensheid of de natuur 'gered' moet worden en je daarbij wilt 'helpen', wordt het vermogen om te 'luisteren', doordat het door de filters van die verlangens en opvattingen heen moet, zo 'gekleurd', dat wat je hoort niet meer is dan een echo van de opvattingen van de luisteraar. Jane heeft al die valkuilen weten te omzeilen. Ze heeft alleen maar geluisterd. Ze was geboeid, enthousiast, opgewonden, verbijsterd en gelukkig en had er aanvankelijk geen notie van waarom dit allemaal gebeurde en waar het toe zou leiden.

Joyce kwam – letterlijk! – op het juiste moment in beeld. Een gemeenschappelijke vriendin bracht Jane en haar met elkaar in contact precies op het moment dat Joyce klaar was met haar vorige project. Gedurende de hele periode dat Joyce de kaarten tekende hebben ze elkaar niet ontmoet, maar er was wel degelijk een band op het vereiste bewustzijnsniveau.

Net zoals ik geïnspireerd was door en om je de waarheid te zeggen nogal verbaasd was over de kwaliteit en het inzicht die spraken uit de tekst van Jane, was ik ook behoorlijk onder de indruk van de kwaliteit van de manier waarop Joyce de energie van elke vogel afzonderlijk in beeld bracht. Ik wil er nogmaals op wijzen dat dit een heel uitzonderlijke combinatie is. Jane en Joyce hebben beiden hun persoonlijke ballast overboord gegooid en zich met het boek en de kaarten afgestemd op een hoog en zuiver niveau van communicatie. Woord en beeld zijn inspiratie die voortvloeit uit communicatie. Je kunt op vele niveaus communiceren – dat kan intellectueel, saai, agressief, veeleisend zijn – de lijst is lang – maar wil er echt een band tot stand komen, dan moet het hart erbij betrokken zijn. Lang nadat het hoofd het al is vergeten, herinnert het hart het zich nog... en handelt ernaar. Dit is de kwaliteit van de Vogelkaarten en het boek: samen brengen ze beslist de kwaliteit van het hart tot uiting.

Ik kan de Vogelkaarten en het bijbehorende boek dan ook van ganser harte aanbevelen. Ik raad je aan ze ontvankelijk en open te gebruiken, waarbij je ruimte geeft aan je eigen innerlijke reactie. Je moet er niet zozeer iets mee 'doen' als wel ermee 'zijn'!

Michael J. Roads

Inleiding

Het ontstaan van de Vogelkaarten is voor mijzelf en mijn metgezel op dit pad, Joyce van Dobben, die met haar prachtige tekeningen de tekst tot leven heeft gewekt, een zielsreis op zich geweest, vol mysterie en diepe zin.

Het begon allemaal in Kaapstad in Zuid-Afrika in 1999 vlak na nieuwjaar. Ik was toen werkzaam als therapeut. Ik hielp mensen toegang te krijgen tot diepe emoties en daar klaarheid in te brengen. Ik maakte daarbij voor de aardigheid vaak gebruik van orakelkaarten om de persoon in kwestie te laten zien waar het om ging. Ik vond het ook fijn om bloemenextracten te gebruiken om door middel van zachte vibraties het emotionele lichaam te reinigen en te helen. Ik heb altijd een sterke band gehad met vogels en had al eens gespeeld met de gedachte dat als bloemen met hun trilling genezing kunnen brengen, vogels dat misschien ook konden doen.

Toen ik op een avond zat te mediteren, voelde ik hoe ik op een heel stille plek in mezelf belandde. Daar sprak mijn innerlijke stem mij heel duidelijk toe. Ik werd herinnerd aan de gedachte die ik had gehad en er werd me gezegd dat ik 'gewoon moest gaan zitten schrijven en dan maar moest zien wat er gebeurde'. Dat deed ik en tot mijn stomme verbazing kwam 'De duif' op papier. Dit was geen informatie die ik bewust bezat. Mijn hand was niet automatisch aan het schrijven en ik werd voor mijn gevoel ook niet overgenomen door iemand anders, ik schreef het wel degelijk zelf, maar ik bleef op die stille plek, waaruit een gezag en een wijsheid naar me toestroomden waarvan ik niet wist dat ik ze in me had. Ik werd een jaar lang regelmatig naar die plek toe getrokken tot alle 55 vogels op papier stonden.

Tijdens dat proces maakte ik mijn eigen zielsreis. Ik ging door alles wat de vogels vertegenwoordigen heen en tot ik daarmee klaar was, kon ik niet verder, zodat ik soms wel een maand zat te worstelen met één alinea. Ik wist nooit van tevoren over welke vogel ik daarna zou schrijven tot ik ging zitten en de naam opschreef. Ik had er ook geen idee van waar het zou eindigen tot ik 'De blauwe vogel van het geluk' had geschreven en het tot me doordrong dat dit de essentie was en dat ik niet verder hoefde. Het was heel interessant dat ik later in het aura-soma-systeem van het genezen met kleuren, waar het getal van elk gekleurd flesje een diep esoterische betekenis heeft, ontdekte dat 55 het Christus-getal is.

Michael Roads is zo vriendelijk geweest het voorwoord bij dit boek te schrijven. Dat kon niet beter, want hij en zijn vrouw Treenie zijn echt de voornaamste katalysatoren geweest voor het tot stand komen ervan. In 1994 hadden mijn man en ik Michaels boek 'Eén met de natuur, een spirituele reis gelezen', zijn persoonlijke verhaal over zijn metafysische band met de natuur en hoe hij door te ervaren dat alle leven één is zijn eigen Zelf vond. We waren door zijn verhaal zo geïnspireerd, dat we naar Amerika vlogen om een workshop van een week bij hem te volgen en nodigden hem daarna uit om naar Zuid-Afrika te komen om daar workshops over zelfrealisatie te geven. Zo raakten we gaandeweg bevriend. Een aanhaling uit 'De blauwe vogel van het geluk': 'Wij zijn allen één. Jij maakt deel uit van mij. Ik kom naar je toe als deel van je Zelf om je eraan te herinneren dat God de essentie is van wie je bent. Je bent een magnifiek wezen, gemaakt naar het beeld en de gelijkenis van God. Je ervaart jezelf als afgescheiden van Hem, maar wij, vogels, zijn net als de engelen, wij weten dat er geen scheiding bestaat en dat God gewoon in ons is. Onze aanwezigheid in je leven is de wijze waarop God deze aarde zegent om hier de mogelijkheid van vreugde, liefde en vrede levend te houden totdat jullie beseffen dat jullie dat zijn.'

Dit is natuurmystiek: weten dat God alomtegenwoordig is, dat we daarin allen met elkaar verbonden zijn en door middel van de natuur God en het Zelf kunnen ontmoeten omdat alles één is.

In het jaar dat ik de Vogelkaarten schreef, ging ik naar Oostenrijk om een internationaal congres bij te wonen van mensen die retraites van Michael en Treenie Roads hadden gedaan. Hier mag ik Siska Pothof niet onvermeld laten, die me, toen ze hoorde waar ik mee bezig was, vertelde over haar vriendin Joyce van Dobben in Nederland, een spirituele kunstenares die dol was op vogels en die uitzag naar een nieuw inspirerend project. Terwijl Siska me over Joyce vertelde, barstte er een zwaar noodweer los met donder, bliksem en hagel. De natuur zei 'JA!', voor het geval het niet tot mij doordrong!

Ik was verrukt over de kaarten die Joyce als voorbeeld tekende en het feit dat ze blijkbaar volkomen vertrouwd was met de filosofie achter de Vogelkaarten. We bleven over de continenten heen met elkaar e-mailen.

Voor Joyce begon nu een proces dat leek op dat van mij, in die zin dat zij voor haar inspiratie ook een stille plek nodig had en dat zij ook door de dingen heen moest die door de energie van de afzonderlijke vogels wordt vertegenwoordigd. Ook zij zat regelmatig een tijdje vast met een bepaalde vogel tot ze doorhad waar het om ging. Ik ben blij met de symbolen en edelstenen die ze intuïtief voor elke vogel heeft gekozen. Als ik ze voor het eerst zag, voelde dat altijd goed. Zo vertelt Joyce hoe ze op een avond op een concert was toen het idee voor de feniks in haar opkwam met de legpuzzelstukjes die wegvallen om een nieuwe werkelijkheid zichtbaar te maken. Het tekenen van de kaarten nam drie jaar in beslag en ook al hadden we elkaar nooit gezien, we werden zeer goede vriendinnen, zodat we toen we elkaar in september 2002 eindelijk in levenden lijve ontmoetten, al met elkaar vertrouwd waren.

Terwijl Joyce de Vogelkaarten aan het tekenen was, voltrok zich voor mij nog iets heel bijzonders. In augustus 1999 was er een zonsverduistering, volgens astrologen een belangrijke gebeurtenis voor de ontplooiing van het bewustzijn van de mensheid. In die tijd gaf mijn innerlijke stem me de opdracht 55 flessen zuiver bronwater klaar te maken. Tijdens de zonsverduistering moest ik die om de beurt vasthouden, terwijl het 'alles-overstralende bewustzijn' van elke vogel die in de Vogelkaarten beschreven staat, zijn energie met het water vermengde. Zo ontstond een 'vogel-essence', die harmoniëring biedt voor datgene waar de vogel voor staat. Op 4 december 2002 was er nog een belangrijke zonsverduistering, kennelijk het sluitstuk van een cyclus die in augustus 1999 was begonnen. Weer moest ik de essences vasthouden en nu werd me gezegd dat ze klaar en verzegeld waren. Uiteindelijk zullen die essences beschikbaar zijn als harmoniërende hulpmiddelen waarmee mensen in contact kunnen komen met hun ware Zelf. (Voor wie hierin geïnteresseerd is, de website voor deze extracten is www.birdcards.co.za.)

De term 'alles-overstralend bewustzijn' die ik in dit boek gebruik, komt overeen met de term 'deva' of 'engel'. Achter elke soort vogel, bloem, boom of andere natuurvorm staat een organiserende kracht die intelligent is en verbonden met het grotere geheel, God. Ik voelde de realiteit, de kracht en de schoonheid van die intelligentie en haar verbondenheid met het grote geheel toen ik de essences maakte en dus weet ik dat wanneer de affirmaties zeggen dat je 'het alles-overstralende bewustzijn van deze vogel moet vragen je te helpen' je daadwerkelijk een energie naar je toe trekt die je bijstaat. Dat is echt geen onzin! Die energie staat uitermate welwillend tegenover ons en heeft het beste met ons voor – ze maakt immers deel uit van God.

Er gebeurden twee dingen die je volgens mij nu kunt zien als een voorbode van die band met het vogelrijk. Het eerste gebeurde in 1994. Mijn man en ik hadden net een lap grond gekocht in een prachtig groen dal dat uitkeek over een meer en we liepen met een goede vriend naar ons eigendom om het uitzicht te bewonderen en te kijken waar we ons huis het best konden bouwen. Ik had als kind grote belangstelling voor vogels en had in de buurt van ons oude zomerhuis uren in de bosjes zitten kijken in de hoop dat er een vogel uit mijn hand kwam eten of op mijn schouder zou komen zitten. Tot mijn teleurstelling gebeurde dat nooit. Maar terwijl we naar de heuvel liepen waar ons toekomstige huis gebouwd zou worden, zag ik tot mijn verbazing een prachtig gekleurd vogeltje op de grond zitten. Het was een prachtvinkje, gewoonlijk een heel levendig vogeltje. Ik dacht dat hij gewond was, bukte me en stak voorzichtig mijn hand uit. Hij wipte in de palm van mijn hand en nestelde zich daar een paar minuten in vol vertrouwen. Ik hield mijn adem in. De overweldigende energie van zijn kleine lijfje was de boodschap 'vertrouwen'. Toen schudde hij parmantig zijn veertjes, tjilpte tegen me en vloog weg. Het huis werd gebouwd en heel wat Vogelkaarten zijn enkele jaren later op die veranda geschreven.

Het andere was een droom die ik had, ook in 1994, vlak nadat ik Michael en Treenie Roads voor de eerste keer ontmoette. In die droom zat ik samen met hen aan een tafeltje in een restaurant. Ik liet hun een boek zien dat ik blijkbaar had geschreven. De titel ervan luidde 'As Kingfishers Catch Fire' (de eerste regel van een van mijn lievelingsgedichten, van Gerard Manley Hopkins). Michael glimlachte tegen me en zei: 'IJsvogel-tijd.' Ik had jarenlang geen idee wat dat betekende, maar de droom bleef me bij. Ik snapte dat natuurlijk beter toen ik de Vogelkaarten schreef, maar de herkenning ging nog verder toen Joyce me het eerste voorbeeld van haar werk stuurde – zij had daarvoor de ijsvogel gekozen!

Ik heb de Vogelkaarten met veel succes gebruikt bij mijn therapie. Zo vraag ik de persoon in kwestie bijvoorbeeld aan het eind van een sessie een kaart te trekken en mij de boodschap hardop voor te lezen. Die is vaak zo raak dat volwassen kerels in tranen uitbarsten! Je kunt de Vogelkaarten op allerlei manieren voor jezelf gebruiken. Ik pak dagelijks een kaart om te voelen in het teken van welke energie de dag staat en welke lessen op dat moment belangrijk zijn. Ik heb in mijn dagelijks leven ook veelzeggende ontmoetingen met vogels en sta er dan als ik de bijbehorende tekst lees steeds weer verbaasd over hoe raak de boodschap is. Vlak voordat Joyce, de kunstenares, in Kaapstad zou aankomen om mij voor het eerst te ontmoeten, maande een buurman mij tot stoppen. Ik remde af omdat er een moedergans met zeven kleine gansjes en de vader in de achterhoede de weg overstak! Ik heb dat nog nooit eerder in een van onze voorsteden gezien. Gans-energie gaat over triomf en voltooiing. Ik was dolblij met die boodschap! En toen ik voor het eerst in Nederland bij het huis van Joyce kwam, stond daar ter begroeting een prachtige fazant die ons samen de boodschap bracht dat we onszelf moesten liefhebben en voor dit project erkenning moesten geven. Dat is wat ik zo mooi vind aan de Vogelkaarten. Het geeft het leven de kans om ons in zijn eigen symbolen iets terug te zeggen. In het hoofdstuk 'Hoe je de kaarten kunt gebruiken' heb ik nog enkele specifieke methodes beschreven hoe je met de kaarten kunt spelen om inzicht in je leven te krijgen.

Het is door het geschenk van de Vogelkaarten en op grond van mijn ervaring met het maken van de essences duidelijk dat het vogelrijk zich met ons wil verbinden en ons op dit cruciale moment in de geschiedenis van de aarde zijn zeer bijzondere en krachtige hulp biedt. Het vogelrijk maakt ons er door middel van de Vogelkaarten uitdrukkelijk op attent dat het er niet voor niets is en dat we zijn hulp kunnen inroepen. We hoeven daar alleen maar om te vragen.

Jane Toerien

Het verhaal van de kunstenares

Twee weken nadat ik het leven had gevraagd om een nieuw spiritueel project waar ik mezelf helemaal in kwijt kon kwam ik, zoals in de Inleiding beschreven staat, in contact met Jane en begon er voor mij een heel rijk en wonderbaarlijk creatief proces.

De volgorde waarin ik de kaarten heb getekend verschilde van die waarin Jane ze schreef. Ik luisterde gewoon naar mijn innerlijke stem en keek dan welke vogel zich 'aandiende'. De volgorde waarin ze tot me kwamen maakte deel uit van mijn eigen 'geboorteproces'. De symbolen die ik voor de verschillende achtergronden koos kwamen vaak op de meest onverwachte momenten tot me. Dan noteerde ik ze, want ik wist vaak niet hoe of waar ik ze zou gebruiken. Ik geef achter in het boek in de Toelichting van de kunstenares een gedetailleerde uitleg over de door mij gekozen symbolen.

Zo staat bijvoorbeeld in de Inleiding hoe het idee voor de kaart van de feniks – de legpuzzelstukjes van de oude werkelijkheid die wegvallen om een nieuwe wereld zichtbaar te maken – me inviel tijdens de pauze van een concert waar een vriendin me mee naartoe had genomen. Op dat moment wist ik echt niet naar welke vogel dit symbool verwees.

Vaak bleek de vogel die ik aan het tekenen was volgens het grondbeginsel van de synchroniciteit verbonden met dingen die in mijn eigen leven voorvielen en zelfs met gebeurtenissen in de wereld. Zo had ik op 11 september 'De scharrelaar' bijna af toen de Twin Towers van het World Trade Centre in New York instortten. Ik had het gevoel dat de vogelenergie ons door middel van die synchroniciteit de kans bood te 'ontwaken' tot ons ware Zelf, aan de afgescheidenheid voorbij. De vogel die ik voor mijn gevoel daarna moest tekenen was 'de koekoek', die het begin van een nieuwe cyclus aanduidt.

Voor de achtergrond bij elke vogel koos ik een tekstgedeelte of idee dat ik symbolisch vorm kon geven. De gang van zaken bij 'De dwergpapegaai' – in het Engels de 'lovebird' – was heel opmerkelijk. In de tekst staat hoe de energie van de dwergpapegaai de door God geïnspireerde missie van de aartsengel Michaël op aarde tot uitdrukking brengt, namelijk het spannen van een krachtveld van liefde om zo elk schepsel en element op aarde op een hoger niveau te brengen. Tijdens het tekenen van het hart in de lucht verscheen daarin het silhouet van de aartsengel Michaël. Ik deed dat niet bewust zelf – er staat eigenlijk in geen van de tekeningen een menselijke gedaante.

Ik zat net als Jane soms tijden vast met een bepaalde vogel. Zo heb ik 'De kolibrie' wel vijf keer getekend en was ik er nog steeds niet tevreden over. Ik kreeg toen de ingeving om eerst 'De gier' te doen. Die kwam heel gemakkelijk tot stand en toen ik daar eenmaal mee klaar was, viel 'De kolibrie' ook op zijn plaats.

De keus voor de edelstenen en mineralen in de tekeningen kwam intuïtief tot stand, het moest gewoon 'goed' voelen. Zo had ik bijvoorbeeld bij 'De dodo' heel sterk het gevoel dat ik sneeuwvlokobsidiaan, een vulkanisch mineraal, moest gebruiken en kwam achteraf tot de ontdekking dat de dodo alleen op twee vulkanische eilanden had bestaan, iets wat ik echt niet wist.

Ik ben bijzonder dankbaar dat ik aan dit unieke project heb mogen meewerken!

Joyce van Dobben

Hoe je de kaarten kunt gebruiken

'Maak nu plezier en geniet van de nectar van het leven'
(de honingzuiger)

Zoals ik in de Inleiding al vertelde, zijn de Vogelkaarten voor mij echt een manier van leven geworden. Ze hebben me geleerd de wereld op een nieuwe manier te zien: als een uitbreiding van mijn Zelf die mij de boodschappen en affirmaties geeft waardoor ik me zo veel meer geliefd, gesteund en verbonden voel met het hele leven.

De meest voor de hand liggende en meest directe manier om de Vogelkaarten te gebruiken is het pak goed schudden, de kaarten in de vorm van een waaier uitspreiden, er één uitkiezen en dan de boodschap in de bijbehorende tekst lezen. Die boodschap houdt je de spiegel voor van de energie die jij op dat moment uitstraalt. Je kunt ook in gedachten een vraag stellen en een kaart trekken, die dan licht werpt op de vraag die je gesteld hebt. In het volgende stukje 'Werken met de affirmaties' wordt uitgelegd wat het, als je de tekst bij de door jou gekozen kaart hebt doorgelezen, inhoudt om daarna de affirmatie hardop uit te spreken.

Er bestaat in dit systeem niet zoiets als een kaart die op de kop ligt. Het kan geen kwaad om voordat je begint alle kaarten met de goede kant naar boven te leggen, maar mocht er een kaart omgekeerd liggen, dan kun je de tekst gewoon doorlezen.

De kaarten kunnen als hulpmiddel gebruikt worden in de therapeutische praktijk om de cliënt een boodschap te geven die precies bij dat moment hoort. Hierbij kiest de persoon in kwestie gewoon een kaart uit het geschudde pak en leest de boodschap, maar een therapeut die vertrouwd is met de leggingen die hierna besproken worden, kan ze ook in de therapie gebruiken omdat ze zo veel duidelijk kunnen maken.

Als je in het dagelijks leven, in een droom of tijdens een meditatie een bijzondere ontmoeting met een vogel hebt, kun je het boek gebruiken als naslagwerk om de metafoor en de boodschap te duiden. Mensen hebben soms het gevoel dat ze een speciale vogel hebben die echt bij hen hoort. Dan kan het heel onthullend zijn om daar de tekst bij te lezen. In dit hoofdstuk staat een legging waarmee je je eigen vogel kunt bepalen.

Ik gebruik de kaarten zelf als dagelijks ritueel om een idee te krijgen met welke energie ik gedurende de dag moet werken. Bij het schrijven van de tekst bij de kaarten heb ik voor mijn gevoel een diepe mysterieschool doorlopen, waarbij ik een voor een in aanraking kwam met de energie van de verschillende vogels. Pas als ik de les van die vogel had geleerd, kon ik doorgaan naar de volgende. Zo kun je de Vogelkaarten ook gebruiken: de getallen zijn niet willekeurig gekozen en er is een bepaalde reden voor de volgorde. Zo kun je door contact te maken met de energie en de les van elke vogel en een voor een de affirmaties te gebruiken je eigen mysterieschool doorlopen. Zo kom je er op je eigen manier achter wanneer het tijd is om verder te gaan of dat je je eigen individuele volgorde moet aanhouden. Zo zou je bijvoorbeeld, als je daar vertrouwd mee bent, gebruik kunnen maken van een pendel of spiertesten. Voor wie zich wil inzetten voor zijn of haar eigen zelfverwezenlijking is dit een uitermate diepgaand proces dat alleszins de moeite waard is.

Het alles-overstralende bewustzijn en God

Bij het doorlezen van de tekst merk je dat er vaak sprake is van het 'alles-overstralende bewustzijn' van elke vogel. Het alles-overstralende bewustzijn van de vogel is de 'deva' of 'engel' van die vogel. Ik heb voor deze term gekozen omdat die het gevoel overbrengt van het overkoepelend bewustzijn van elke groep vogels. Daarmee bedoel ik vogels die dezelfde soort eigenschappen hebben, zoals vogels die lijken op de mus, vogels die lijken op de havik, vogels die lijken op de patrijs enzovoort. Ieder overstralend of overkoepelend bewustzijn is een intelligente, onzichtbare, samenbindende kracht. Als je een paar vogels hebt doorgelezen, merk je dat ze stuk voor stuk een andere helende energie hebben. De veelzeggende verschijning van een vogel in je leven – of dat nu in het echt plaatsvindt of, dat je een bepaalde kaart trekt of dat dit gebeurt tijdens een meditatie of in een droom – maakt je erop opmerkzaam dat dit grotere bewustzijn, waarvan die vogel een uiting is, om je aandacht vraagt, omdat zijn energie je in de situatie waarin je verkeert kan helpen.

Omdat er in het rijk van het bewustzijn geen afgescheidenheid bestaat – in feite zijn we één groot, intelligent bewustzijn – ben je nooit echt alleen. De metafysische wereld, waarvan dit alles-overstralende bewustzijn deel uitmaakt, is altijd verbonden met en zich bewust van alles wat er gebeurt, zowel in jou als in alles in het heelal.

Het individuele vogelbewustzijn wordt overkoepeld door het alles-overstralende bewustzijn van het vogelrijk, een wezen, doordrongen van geweldig groot mededogen en geweldig grote vreugde, dat heel nauw verbonden is met de aartsengel Rafaël, die aan het hoofd van het rijk der genezing staat. En boven alle aartsengelen en al het andere staat de Geest, ook wel God genoemd, die alomtegenwoordig is en zich dus in elk deeltje materie in het heelal bevindt.

Ik heb in de tekst gekozen voor het woord 'God' en niet voor 'Geest' omdat het persoonlijke ervan me meer aanspreekt. Ik zie God beslist niet als een soort Kerstman of Sinterklaas die, gezeten op een wolk, naar willekeur zegeningen en straffen uitdeelt. Maar ik ervaar God zowel heel persoonlijk als heel onpersoonlijk. God is het enige dat is. Dat houdt in dat Hij ook jou en mij is. De God die ik ben noem ik het Zelf en ontdekken dat het Zelf goddelijk is, is het enige waar het bij zelfverwezenlijking om gaat. Wie zich verwezenlijkt heeft, ervaart zichzelf als één met God en dus met het heelal. Dat is, of we ons dat nu al dan niet bewust zijn, eigenlijk het pad dat we allemaal bewandelen, het pad terug naar het ons opnieuw her-inner-en dat ieder van ons in wezen God is. We zijn nooit iets anders geweest dan God, maar we hebben gewoon gekozen voor een ervaring van vergeten. We zijn in slaap gevallen en ontwaken pas als we ervoor kiezen ons dat te herinneren.

Daar gaan de affirmaties in dit boek een rol spelen. Ze laten ons de keus om hulp te vragen. We zijn daarin vrij, we hebben de vrije wil om ervoor te kiezen om te blijven slapen door niet om hulp te vragen. We kunnen er ook voor kiezen om dat wel te doen. De affirmaties uitspreken is een van de manieren om dat te vragen. Het antwoord dat je krijgt is echt en brengt je de helende energie van het vogelrijk – op zich al een geschenk van God.

Werken met de affirmaties

Als je een legging doet of gewoon één kaart kiest, krijg je de kans daadwerkelijk hulp in te roepen bij de dingen waar je mee zit in de vorm van het alles-overstralende bewustzijn van elke vogel (zie 'Het alles-overstralende bewustzijn en God'). Daarvoor moet je er echt om vragen, niet alleen maar de tekst doorlezen. Dat doe je door de desbetreffende affirmatie hardop uit te spreken of door in je eigen woorden om hulp te vragen.

Zodra je dat doet, is de energie van de desbetreffende vogel in je energieveld aanwezig, maar – en dit is heel belangrijk – als je gedurende enige tijd ergens mee bezig bent, doe je er goed aan de affirmatie dagelijks te herhalen om de energie van die vogel telkens opnieuw in je leven te brengen. Als je het maar één keer zegt en het dan verder nalaat, krijg je weliswaar een directe reactie, waarbij je een verschuiving voelt optreden, maar vervaagt de verbinding gaandeweg.

Dagelijks de affirmatie uitspreken herinnert je er ook aan waarmee je werkt, waardoor je het tegelijkertijd voor jezelf bewust houdt. Het kan geen kwaad de affirmatie op een stuk papier te schrijven, uit te knippen en ergens op te plakken, bijvoorbeeld de spiegel in de badkamer, zodat je eraan herinnerd wordt om hem vaak te herhalen.

Helderheid van intentie

In de instructies voor de leggingen op de volgende bladzijden, adviseer ik steeds dat jij kiest welke legging je wilt gebruiken en dat je dit dan duidelijk in gedachten houdt, hardop uitspreekt of opschrijft. Bij voorkeur alle drie. Dit omdat het leven het best reageert op heel duidelijke, gerichte bedoelingen. Gerichtheid en helderheid van doelstelling brengen in alle situaties waarin je je bevindt de duidelijkste reactie teweeg, waaronder het kiezen van een vogelkaart of het vragen om opheldering door middel van een bepaalde legging. Om bij de leggingen de beste resultaten te krijgen moet je ontspannen zijn en geen haast hebben. Neem de tijd om je vraag helder te formuleren en het antwoord op de juiste manier in je op te nemen. Dan doe je het proces recht. Hoe je je ook voelt, je krijgt antwoord. Soms helpt het antwoord zelf al om de verwarring op te heffen, maar hoe helderder je je vraag stelt, hoe duidelijker het antwoord zal zijn.

De leggingen

De eenvoudigste manier om de Vogelkaarten te gebruiken is dat je het pak goed schudt, de kaarten in de vorm van een waaier uitspreidt, er één uitkiest en dan de bijbehorende tekst leest. De vogel die je kiest is een reflectie van de energie die jij op dat moment uitstraalt. Als je een vraag hebt, kun je je daarop concentreren en een kaart trekken die daarop zijn licht werpt.

Naast deze simpele methode om de kaarten te gebruiken zijn er zeven leggingen die je in elke willekeurige volgorde kunt doen. De eerste twee geven je informatie over jezelf als ziel en die moet je echt maar één keer doen. De andere vijf zijn meer bedoeld om je inzicht te geven in dingen waar je in je dagelijks leven mee te maken hebt en die kun je zo vaak doen als je wilt of nodig vindt.

Ga gemakkelijk zitten aan een lege, gladde tafel waarop je de kaarten kunt uitspreiden. Zorg dat je een blocnote of dagboek bij de hand hebt, zodat je kunt opschrijven wat er gebeurt. De resultaten van een legging vallen namelijk vaak pas achteraf op zijn plaats. Besluit welke legging je wilt doen. Zeg dit tegen jezelf in gedachten of hardop. Je kunt het ook opschrijven. Schud de kaarten. Blijf een paar minuten rustig zitten om je te centreren. Als je voor je gevoel zover bent, leg je de kaarten neer zoals aangegeven.

De 'speciale vogel'-legging

Het kiezen van je eigen 'speciale vogel' (1 kaart)

Veel mensen hebben al een 'speciale vogel', een vogel tot wie ze zich sterk aangetrokken voelen en die ze in het dagelijks leven, in dromen en meditaties of zelfs als steeds terugkerend symbool in hun kunst zien verschijnen. Dan is het genoeg om gewoon de bijbehorende tekst door te lezen. Wil je graag weten wat jouw 'speciale vogel' is, dan kan deze legging je daarbij helpen. De 'speciale vogel' in je leven is de 'vogel van je hart', de vogel met wie je je echt verbonden voelt. Doe deze legging bij voorkeur één keer. Doe hem dus op een moment waarop je je gecentreerd voelt en de tekst en de affirmatie volledig in je kunt opnemen.

Voor deze legging gebruik je alle kaarten van het pak. Leg ze een voor een met de afbeelding naar beneden neer volgens het aangegeven patroon. Het doet er niet toe in welke volgorde je dit doet, maar maak de legging wel helemaal af. Zoals je ziet is het het silhouet van een vogel. Het uitleggen van de kaarten is, als je het langzaam en rustig doet, op zich al een soort meditatie. Heb je de kaarten eenmaal uitgelegd, kijk dan een tijdje naar de vorm. Zit er niet over in, neem de tijd, laat je blik over de kaarten dwalen en kom daarbij helemaal tot rust. Dan merk je dat één bepaalde kaart je aandacht trekt. Haast je vooral niet. Blijf rustig zitten tot je er volkomen zeker van bent welke kaart dat is. Draai hem dan om om te zien welke het is geworden. Lees de bijbehorende tekst door en spreek dan hardop de affirmatie uit. Lees 'Werken met de affirmaties' door om te begrijpen hoe dit in zijn werk gaat. Je kunt de affirmatie van deze vogel ook regelmatig herhalen of er gewoon van uitgaan dat hij zich heel dicht bij je hart bevindt en de essentie is van wie en wat je bent.

De 'speciale vogel'-legging

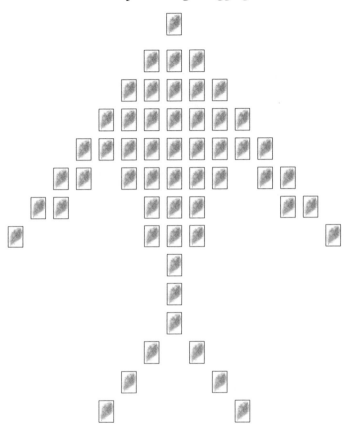

1 Stel in gedachten, hardop of door het op te schrijven duidelijk vast dat je de 'speciale vogel'-legging doet.
2 Schud het pak kaarten en leg ze dan met de afbeelding naar beneden op de hierboven aangegeven manier neer.
3 Ga rustig zitten en voel welke kaart het sterkst je aandacht trekt.
4 Als je daar echt zeker van bent, draai die kaart dan om en vind zo je 'speciale vogel'.
5 Lees de verklaring in de 'speciale vogel'-legging door en daarna de tekst die hoort bij de vogel die je hebt gekozen.
6 Spreek de affirmatie uit.
7 Schrijf op wat er met je gebeurt.

De scharrelaar-legging

Je herinneren wie je bent (2 kaarten)

Heel diep vanbinnen weten we wie we zijn en kennen we het pad dat tot zelfverwezenlijking leidt en de taak die we in de wereld hebben. Voor de meesten van ons is dit echter geen informatie waar we gemakkelijk toegang toe hebben. We vangen er zo nu en dan een glimp van op, maar meestal is het in nevelen gehuld. Dit is een heel sterke legging, die is bedoeld om je weer te laten weten wie je bent en wat je hier komt doen. Net als de eerste legging moet je hem maar één keer doen. Doe dat dus op een moment en op een plek waar je de informatie die je krijgt echt kunt voelen en in je kunt opnemen. Schrijf op welke vogels er naar je toe komen zodat je erop kunt teruggrijpen om je te herinneren wie je bent.

Zeg duidelijk tegen jezelf dat je nu de scharrelaar-legging gaat doen. Schud het pak kaarten goed. Leg daarna het hele pak met de afbeeldingen naar beneden op de tafel. Deel nu het pak in twee porties. Leg de bovenste helft van het pak rechts van de onderste helft en draai de bovenste kaart van de onderste helft om. Dat is kaart 1 op de tekening.

De kaart die je hebt omgedraaid stelt het pad voor dat je moet volgen om tot zelfverwezenlijking te komen. Iedereen is weer anders en iedereen bewandelt zijn of haar eigen pad naar hetzelfde doel. Wat is jouw individuele pad? Deze kaart geeft je het antwoord. Lees de bijbehorende tekst door en sta erbij stil wat dit voor je betekent. Schrijf de naam van de vogel op en schrijf ook op wat er in je omging, zodat je daar later op kunt teruggrijpen. Spreek de affirmatie hardop uit en schrijf die ook op. Lees 'Werken met de affirmaties' door om je eraan te herinneren hoeveel kracht hiervan uitgaat.

Neem als je zover bent de bovenste helft van het pak – dat je rechts hebt neergelegd – en deel dat ook weer in tweeën, waarbij je de bovenste helft weer rechts neerlegt. Draai de bovenste kaart van de onderste helft om. Dit is kaart 2 op de tekening.

De kaart die je hebt omgedraaid stelt het werk voor dat je hier op aarde te doen hebt. Dat heeft waarschijnlijk niets te maken met je dagelijks werk. Het verwijst naar de invloed die je hebt door wie je bent. Neem de tijd om de betekenis van die kaart goed tot je te laten doordringen. Lees de bijbehorende tekst door en schrijf de naam van de vogel en wat er in je omging op. Spreek de affirmatie uit, schrijf die ook op en herhaal hem regelmatig.

Nu zijn de wolken een ogenblik uiteen geweken en is het licht doorgebroken. Het is aan jou wat je doet met dit moment van openbaring over wie je bent en wat je hier te doen hebt. Als je hier telkens energie aan geeft door dagelijks de affirmatie uit te spreken, zul je merken dat wat je over jezelf aan de weet bent gekomen niet langer in nevelen gehuld is, maar duidelijk aangeeft wie je bent.

De scharrelaar-legging

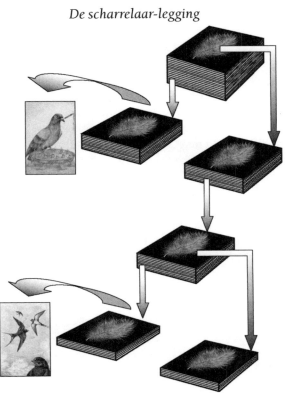

1 Schud het pak kaarten en deel het in tweeën.
2 Leg de bovenste helft rechts neer.
3 Leg de onderste helft links neer.
4 Draai de bovenste kaart van de onderste helft om.
5 Deel de rechterstapel in tweeën.
6 Leg de bovenste helft rechts neer.
7 Leg de onderste helft links neer.
8 Draai de bovenste kaart van de nieuwe onderste helft om.
Kaart 1
Kaart 2
9 Lees de verklaring bij de scharrelaar-legging door om te zien wat
  kaart 1 en 2 betekenen en lees dan de tekst door die hoort bij de
  twee vogels die je gekozen hebt.
10 Spreek beide affirmaties uit.
11 Schrijf op wat er met je gebeurt.

De zwaluw-legging

Het Zelf ontwikkelen

Spreid het goed geschudde pak kaarten met de afbeeldingen naar beneden als een waaier op de tafel uit. Zeg in gedachten duidelijk dat je de zwaluw-legging gaat doen voor het ontwikkelen van het Zelf. Kies dan een kaart. De eerste kaart die je kiest stelt jou voor zoals je nu bent. Dit is kaart 1 op de tekening. Leg hem met de afbeelding naar boven voor je en lees de bijbehorende tekst door. Neem de tijd om goed in je op te nemen wat dit inhoudt en schrijf eventueel op wat er hierdoor in je omgaat.

Kies vervolgens nog vijf kaarten uit het waaiervormig uitgespreide pak en leg ze met de afbeelding naar beneden om de eerste kaart heen. Ze stellen de eigenschappen voor waarop je je moet richten om je zo te ontwikkelen dat je je volle potentieel tot uitdrukking kunt brengen. Het doet er niet in welke volgorde je ze doorleest, maar gun je de tijd om tot je te laten doordringen wat de kaart je te zeggen heeft. Schrijf bij voorkeur je gedachten op, zodat je later kunt nagaan wat er op dat moment gebeurde. Spreek dan de affirmatie die bij die kaart hoort uit. Daarbij vraag je dus bewust elk van die vijf vogels je met hun energie te helpen bij je groei. Lees 'Werken met de affirmaties' door om je eraan te herinneren hoe dit werkt. Zoals daar wordt aangegeven moet je elk van die affirmaties dagelijks herhalen om ervoor te zorgen dat de hulp actief en werkzaam blijft, zodat je vooruit blijft gaan. Het is heel interessant om dit over een paar maanden nog eens door te lezen en te zien welke vorderingen je op dat gebied hebt gemaakt.

De zwaluw-legging

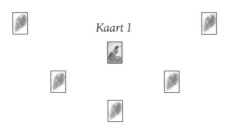

Kaart 1

1 Stel in gedachten of hardop duidelijk vast dat je de zwaluw-legging voor het ontwikkelen van het Zelf gaat doen. Je kunt het ook opschrijven.
2 Kies één kaart uit het geschudde en waaiervormig uitgespreide pak. Dit is kaart 1.
3 Lees de verklaring bij de zwaluw-legging door om te zien wat die kaart betekent en lees dan de tekst door die hoort bij de door jou gekozen vogel.
4 Kies nog vijf kaarten en leg ze met de afbeelding naar beneden in de volgorde die je zelf wilt om kaart 1 heen.
5 Lees de verklaring bij de zwaluw-legging door om te zien wat deze kaarten betekenen, draai ze dan om en lees de bijbehorende tekst bij elke kaart die je gekozen hebt.
6 Spreek elk van de affirmaties uit.
7 Schrijf op wat er met je gebeurde.
8 Herhaal elk van de affirmaties dagelijks zodat de energie actief blijft en je kan helpen om je volledige potentieel tot uitdrukking te brengen.

De ooievaar-legging

Een doel bereiken (7 kaarten)

Je kunt deze legging gebruiken om een bepaalde gemoedstoestand of een bepaald doel te bereiken. Zo krijg je inzicht in hoe je het bereiken van dat doel in je leven op allerlei gebieden blokkeert. Neem hier echt de tijd voor, want er is heel veel wat je in je moet opnemen en waarover je moet nadenken.

Sta stil bij het doel waaraan je wilt werken, spreek het hardop uit of schrijf het op. Spreid de geschudde kaarten met de afbeeldingen naar beneden als een waaier op de tafel uit, kies een kaart en leg die met de afbeelding naar boven voor je (kaart 1 op de tekening). Dit is de vogel die je hebt gekozen als voorstelling van je doel. Weet je eenmaal welke vogel dat is, lees dan de bijbehorende tekst in het boek door. Vraag je af waarom juist deze vogel is verschenen om je te wijzen op je doel. Het kan geen kwaad je gedachten in je dagboek of op je blocnote op te schrijven.

De volgende 6 kaarten in de legging stellen verschillende gebieden in je leven voor waarop je een beroep moet doen om de gemoedstoestand of het doel te bereiken die/dat door kaart 1 wordt aangegeven. Kies nu uit het waaiervormige uitgespreide pak 6 kaarten (kaart 2 t/m 7) en leg ze in de volgorde waarin je ze hebt gekozen met de afbeelding naar beneden op een rij onder kaart 1 neer. Draai ze een voor een om terwijl ik je vertel wat ze betekenen.

Schrijf nadat je de bijbehorende tekst hebt doorgelezen op wat er in je om gaat en spreek vóór je de volgende kaart omdraait hardop de affirmatie uit. Je doet er goed aan om vóór je verder gaat 'Werken met de affirmaties' door te lezen.

KAART 2: familie
De vogel die je hebt gekozen is de energie waarmee je moet werken om dingen die met je familie of je gezin te maken hebben helder te krijgen, waardoor je het doel dat in kaart 1 wordt aangeduid dichter kunt benaderen. Heb je de unieke betekenis die deze kaart voor je heeft in je opgenomen – je moet de tekst misschien een paar keer doorlezen om te snappen wat hij precies met jou te maken heeft – spreek dan de affirmatie hardop uit en ga door naar de volgende kaart.

KAART 3: relatie
De vogel die je hebt gekozen is de energie waarmee je moet werken om
verder te komen met relaties die veel voor je betekenen, zodat er van die
kant niets is dat de vervulling van je doel in de weg staat.

KAART 4: je werk in de wereld
De vogel die je hebt gekozen is de energie waarvan je je met betrekking
tot je werk in de wereld bewust moet zijn om je doel te bereiken. Je
'werk in de wereld' is ofwel je eigenlijke baan ofwel wat je in aanleg te
bieden hebt of gewoon wie je bent en de invloed die je op anderen hebt
doordat je hier bent.

KAART 5: je gevoel van eigenwaarde
Hierbij heeft iedereen hulp nodig en de vogel die je hebt gekozen is de
vogel die jou het beste kan helpen om zelfvertrouwen te krijgen, zodat
je dichter naar je doel toe kunt groeien.

KAART 6: het gebied waarop je in spiritueel opzicht vooruitgang moet
maken
Weer is de vogel die je hebt gekozen de vogel waarvan de energie je het
best kan helpen bij een spirituele doorbraak die je doel dient.

KAART 7: je grootste pluspunt, dat je kunt inschakelen om je doel te
bereiken
Je zult verbaasd staan over wat het leven je hier te zien geeft – soms zien
we onze sterke kanten niet als pluspunten. Wat hier ook verschijnt,
hoor het aan en neem het in je op!

De ooievaar-legging

Kaart 1

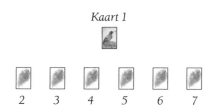

2 3 4 5 6 7

1 Sta stil bij het doel waaraan je wilt werken, spreek het hardop uit of schrijf het op.
2 Schud de kaarten, spreid ze met de afbeelding naar beneden als een waaier uit en kies één kaart.
3 Leg hem op de tafel met de afbeelding naar boven. Dit is kaart 1.
4 Lees de verklaring bij de ooievaar-legging door om te zien wat kaart 1 betekent en lees dan de tekst door die hoort bij de vogel die je gekozen hebt.
5 Leg nog zes kaarten met de afbeelding naar beneden (kaart 2 t/m 7) op een rij neer onder kaart 1.
6 Lees in elk van de gevallen de verklaring bij de ooievaar-legging door om te zien wat de plaats van de kaart betekent, draai hem om en lees vervolgens de tekst door die hoort bij de kaart die je gekozen hebt.
7 Spreek, nadat je elk van de desbetreffende teksten hebt doorgelezen, de bijbehorende affirmatie uit.
8 Schrijf op wat er met je gebeurt.
9 Herhaal elk van de affirmaties dagelijks of ten minste de affirmatie die voor jou het belangrijkst is om de energie in je leven actief te houden en je te helpen je doel te bereiken.

De aalscholver-legging

Een probleem oplossen (3 kaarten)

Deze legging kun je gebruiken als er zich in je leven een lastig probleem voordoet waar je mee worstelt. Richt je eerst op het probleem, spreek het hardop uit of schrijf het op en vraag dan om de hulp die er het best bij past. Spreid, als je je gecentreerd voelt, het geschudde pak kaarten als een waaier op de tafel uit en kies 3 kaarten. Leg deze met de afbeelding naar beneden op een rij in de volgorde waarin je ze hebt gekozen. Je doet er goed aan om als je een kaart omgedraaid hebt op te schrijven wat er in je omgaat voordat je de volgende kaart omdraait.

KAART 1: wat aan het probleem ten grondslag ligt
De vogel die je hebt gekozen geeft je een beeld van waar het hier in wezen om gaat. Misschien is er sprake van gebrek aan vergiffenis, gebrek aan liefde voor jezelf of het onvermogen om los te laten. Duid de kaart op een manier die past bij het probleem in kwestie.

KAART 2: de energie die je met name te hulp moet roepen om verder te komen
Deze vogel komt in de huidige omstandigheden naar je toe om het probleem waar je mee worstelt te helpen oplossen. Het is belangrijk dat je nu de affirmatie zegt en de energie van deze vogel daadwerkelijk vraagt je te helpen. Schrijf de affirmatie op en leg hem ergens neer waar je hem vaak ziet en opnieuw kunt bevestigen. Dat maakt je erop opmerkzaam dat je deze hulp echt hebt in je leven. Lees 'Werken met de affirmaties' door om je eraan te herinneren hoe dit in zijn werk gaat.

KAART 3: de energie die vrij komt als het probleem is opgelost
De vogel die je hiervoor hebt gekozen laat je zien hoe het voelt als je dit probleem werkelijk aanpakt. Het is als het ware iets om naar uit te kijken. Schrijf het op zodat je voor ogen kunt houden waar je naartoe gaat.

De aalscholver-legging

1   2   3

1 Richt je op het probleem, spreek het hardop uit of schrijf het op en vraag dan om de juiste hulp.
2 Kies drie kaarten uit het geschudde en als een waaier uitgespreide pak.
3 Leg ze met de afbeelding naar beneden in de volgorde waarin je ze hebt gekozen van links naar rechts neer (kaart 1 t/m 3).
4 Draai ze in die volgorde een voor een om. Lees de verklaring bij de aalscholver-legging door om te zien wat elke plaatsing betekent en lees dan de tekst door die hoort bij de vogels die je gekozen hebt.
5 Spreek de bijbehorende affirmaties uit, met name die die horen bij de vogel die je als tweede hebt gekozen.
6 Schrijf op wat er met je gebeurt.
7 Schrijf de affirmatie die hoort bij de vogel die je als tweede hebt gekozen op en knip die uit. Prik of plak hem ergens op waar je hem vaak ziet en herhaal hem regelmatig om je te helpen je probleem tot een oplossing te brengen.

De nachtzwaluw-legging

Omgaan met angst (4 kaarten)

Je kunt deze legging gebruiken als je hulp nodig hebt bij zorgen of angsten die steeds terugkomen of om je kracht te geven als je je opeens ergens door bedreigd voelt. Richt je in dit geval op de angst waarvoor je hulp nodig hebt, spreek die hardop uit of schrijf hem op. Vraag om de juiste hulp. Spreid, als je gecentreerd bent, de goed geschudde kaarten als een waaier op de tafel uit. Kies nu vier kaarten uit en leg die met de afbeelding naar beneden op een rij voor je neer. Elk van deze kaarten vertegenwoordigt een vogel die je hebt gekozen om je bij je angst te helpen. Draai elk van de kaarten met een gevoel van dankbaarheid om. Lees de tekst die bij elk van de vier vogels hoort door, spreek de affirmaties uit en bedank de desbetreffende vogels dat ze je op dit moment bijstaan om je kracht te geven. Schrijf hun namen op samen met de reden waarom je ze volgens jou hebt gekozen, zodat je nooit vergeet dat ze er zijn. Lees 'Werken met de affirmaties' door. Bevestig in de komende dagen herhaaldelijk dat ze in je leven aanwezig zijn en zie dat de dingen nu gemakkelijker en lichter voelen.

De nachtzwaluw-legging

1 Richt je op de angst waarvoor je hulp nodig hebt, spreek hem hardop uit of schrijf hem op en vraag dan om de juiste hulp.
2 Kies vier kaarten uit het goed geschudde en als een waaier uitgespreide pak.
3 Leg ze met de afbeelding naar beneden voor je neer.
4 Lees de verklaring bij de nachtzwaluw-legging door om te zien wat die vier kaarten betekenen.
5 Draai ze een voor een in een willekeurige volgorde om.
6 Lees de tekst door die hoort bij elk van de vier vogels die je gekozen hebt.
7 Spreek de bijbehorende affirmaties uit en bedank elke vogel dat hij je nu bijstaat en kracht geeft.
8 Schrijf op wat er met je gebeurt.
9 Herhaal elke affirmatie dagelijks om de energie in je leven gaande te houden en je te helpen bij het omgaan met je angst.

De fazant-legging

Je sterke punten en verborgen potenties (5 kaarten)

Deze legging richt zich niet op een probleem, maar laat je zien wat je sterkste punten zijn. Spreid de goed geschudde kaarten met de afbeeldingen naar beneden als een waaier op de tafel uit. Kies de eerste kaart (kaart 1 op de tekening) en leg die met de afbeelding naar boven voor je neer. Kies nu nog twee kaarten, kaart 2 en 3, en leg die met de afbeelding naar beneden links van kaart 1. Kies dan nog twee kaarten, kaart 4 en 5, en leg die met de afbeelding naar beneden rechts van kaart 1. Nu kun je de kaarten gaan uitleggen.

Kaart 1 stelt je nog onontdekte potentieel voor, de kracht die je in je hebt, maar die je nog niet hebt aangeboord. Lees eerst de tekst die bij die kaart hoort door en schrijf op wat er in je omgaat voordat je de andere kaarten omdraait.

De twee kaarten aan de linkerkant, kaart 2 en 3, stellen de sterke punten voor waarmee je in deze wereld bent gekomen en die al deel uitmaken van wie je als ziel bent.

De twee kaarten aan de rechterkant, kaart 4 en 5, stellen de nieuwe krachten voor die je hebt verworven doordat je deel uitmaakt van deze wereld, de sterke punten die je in dit leven gaandeweg hebt verworven door je levenservaring.

Neem rustig de tijd om de tekst bij elk van de kaarten door te lezen en in je op te nemen. Schrijf op wat er in je omgaat en laat de bevestiging van je sterke punten die het leven je door middel van deze kaarten geeft, goed tot je doordringen. Met die vier sterke punten (kaart 2, 3, 4, en 5) kun je je verborgen potentieel (kaart 1) aan het licht brengen.

Spreek de affirmatie bij kaart 1 hardop uit. Vraag het alles-overstralende bewustzijn van de vogel je te helpen dit deel van jezelf tot uitdrukking te brengen. Lees 'Werken met de affirmaties' door om beter te begrijpen wat hiermee bedoeld wordt.

Noteer alle kaarten zodat je er regelmatig naar kunt kijken en om herinnerd te worden aan je sterke punten en wat je probeert bij jezelf naar boven te brengen. Het is een goed idee om de affirmatie van kaart 1 op te schrijven en op de spiegel in je badkamer te plakken of op een plek waar je hem vaak ziet op te prikken en hem zo vaak als je kunt uit te spreken. Het gaat hierbij om een onbewuste kracht die je probeert je bewust te maken en je moet jezelf eraan herinneren dat hij er echt is, anders wordt hij niet verwezenlijkt, komt hij er niet uit en dat zou heel jammer zijn, want hij is er en wil aan het licht komen.

De fazant-legging

1 Zeg in gedachten of hardop dat je de fazant-legging doet om erachter te komen wat je sterke punten en verborgen potentieel zijn. Je kunt dit ook opschrijven.
2 Kies een kaart uit het geschudde en als een waaier uitgespreide pak en leg die met de afbeelding naar boven. Dit is kaart 1.
3 Lees de verklaring bij de fazant-legging door om te weten wat kaart 1 betekent en lees dan de tekst door die hoort bij de vogel die je gekozen hebt.
4 Spreek de affirmatie uit.
5 Leg twee kaarten (kaart 2 en 3) met de afbeelding naar beneden links van kaart 1.
6 Leg twee kaarten (kaart 4 en 5) met de afbeelding naar beneden rechts van kaart 1.
7 Lees de verklaring bij de fazant-legging door om te zien wat kaart 2, 3, 4 en 5 betekenen.
8 Draai ze een voor een om en lees de tekst door die hoort bij de vogels die je gekozen hebt.
9 Schrijf op wat er met je gebeurt.
10 Schrijf de affirmatie op die hoort bij de vogel die je als kaart 1 gekozen hebt, knip hem uit, plak of prik hem ergens op waar je hem vaak ziet en herhaal hem regelmatig. Zo blijft de energie in je leven werkzaam, waardoor je bewust wordt van je verborgen potentieel.

De vogelkaarten

Op vleugels van licht beweeg je je in de richting van een nieuwe harmonie. Wij weten alles over geluid en over vliegen. Wij kunnen je optillen en je leren vliegen. Deze vogelkaarten worden je aangereikt opdat je je met ons kunt verbinden, zodat wij onze taak kunnen vervullen, namelijk, je brengen tot die lichtere manier van je uitdrukken. Wij doen de dingen vol vreugde, dus dit is ook vreugdevol.

Ieder van jullie stijgt boven de huidige, beperkte opvatting die je over jezelf hebt, uit. Wij zien je schoonheid: wij weten waar je vandaan komt en waar je naartoe gaat – kom met ons mee.

Blijf niet vastzitten in je angst. Durf een lichtere versie van jezelf te worden. Vraag ons gewoon er te zijn, dan zijn we er. Wij weten dat het niet meevalt om in een fysiek lichaam te verkeren. Wij kunnen je opheffen tot je je herinnert wie je bent.

① **DE DUIF** **①**

Affirmatie
'Ik vergeef van ganser harte. Ik doe een beroep op het alles-overstralende bewustzijn van de duif om alle negatieve energie in deze situatie om te zetten en op te heffen tot een niveau waarop heelheid tot stand komt. Ik ben heel. Ik zie de heelheid in alles. Ik laat alle beschuldigingen varen. Ik ben vrij.'

De duif

De duif is als vogel voor de eerste kaart gekozen omdat hij, ook al lijkt hij nog zo gewoon, de boodschap van vergeving brengt. Vergeven doet altijd elk restje negativiteit tussen strijdende partijen verdwijnen. De duif vertegenwoordigt de heelheid die komt als er vergiffenis is geschonken. Zie de duif vooral niet als iets vanzelfsprekends. Ook al is hij in groten getale aanwezig op plekken waar mensen samenwonen, het is heel belangrijk dat we deze energie om ons heen hebben. Zwermen duiven stabiliseren de aarde-energie in grote steden, waardoor deze gemakkelijker kunnen ademen, en ze verwijderen de giftige energie die zich op overvolle plekken samenbalt. Zegen de nederige duif, je bent echt bevoorrecht als hij in je leven aanwezig is.

Als je het gevoel hebt dat de duif jouw symbool is, weet dan dat het jouw taak op aarde is te herstellen wat gebroken is. Je kunt dat op duizenden manieren doen, maar elk daarvan draagt de belofte van heelheid in zich door middel van de vergeving waar de duif voor staat.

Als je in antwoord op een bepaalde vraag of als dagelijks ritueel de kaart van de duif trekt, wordt in jouw situatie van je gevraagd dat je vergiffenis schenkt. Is dat het geval, dan komen de duiven waarschijnlijk naar je toe, want ze vinden het heerlijk neer te strijken op plekken waar geen harmonie heerst.

Iedereen die worstelt om zover te komen dat hij of zij iemand of iets kan vergeven wordt door duif-energie liefdevol bijgestaan. Als je de duif bij dat proces en in je meditaties uitnodigt, treden er diepgaande, positieve verschuivingen op. Vervuilde plekken worden gereinigd doordat je het allesoverstralende bewustzijn van de duif vraagt de verontreiniging te verwijderen en te transformeren. Elke vervelende situatie kan op die manier worden opgelost.

Door de energie van de duif zo te gebruiken geef je de aarde energie. De toekomst hangt af van samenwerking met de natuur. Gebruik maken van de wonderbaarlijke gaven van het vogelrijk is samenwerken met de natuur op een wijze die blijvend invloed uitoefent op de mate waarin de aarde vergiftigd is.

DE ZWALUW

Affirmatie

'Ik volg nu mijn persoonlijke pad naar vreugde. Ik vraag het alles-overstralende bewustzijn van de zwaluw me te helpen alle blokkades uit de weg te
ruimen die dit in de weg staan. Ik sta vreugde toe in mijn leven. Ik volg met
hart en ziel mijn eigen natuurlijke ritme en vertrouw erop dat ik vreugde
ervaar als het moment daar is.'

De zwaluw

De zwaluw brengt het geheim van het volkomen op één lijn zijn met je vreugde. Hij kent die vreugde en volgt haar zonder meer. Ook al kost het hem een geweldige inspanning om te komen waar hij wezen wil, hij zet koste wat het kost door. Hij weet dat wat hem aan het eind van de reis wacht alleszins de moeite waard is.

Ieder mens heeft een landkaart in zich die aangeeft hoe hij of zij die ultieme vreugde moet bereiken. Zwaluw-energie geeft je een duw in de goede richting doordat ze je met die kaart verbindt en je leert die doelgericht te gebruiken. Je eigen vreugde vinden is een proces. Iedereen maakt fouten en daarvan leer je hoe het niet moet. De uiteindelijke vreugde is altijd datgene wat je terugbrengt naar je Zelf. Het is het pad dat je brengt naar de meest volledige uitdrukking van wie je werkelijk bent. Als je dat in je leven tot uitdrukking brengt, ben je volmaakt op één lijn met je vreugde.

Iedereen worstelt om de juiste manier te vinden om zichzelf uit te drukken. Daartoe worden vele paden gekozen en het ene is beter dan het andere. Door keuzes te maken leer je gaandeweg steeds beter wat tot vreugde leidt en wat niet.

Je kaart zegt je dat er vreugde is in je leven. Jij hebt misschien het gevoel dat het lot harde slagen uitdeelt en je ziet niet dat het leven vreugde voor je in petto heeft. De boodschap van de zwaluw vandaag is dat er vreugde op komst is. Het is misschien een lange, moeilijke reis, maar als je je eigen innerlijke landkaart vindt, brengt die je zonder mankeren naar een plek waar zich vreugde in je bevindt. Iedereen heeft zo'n plek en iedereen heeft zijn of haar eigen landkaart.

Mensen die zich sterk aangetrokken voelen tot de zwaluw leggen het pad naar vreugde doelgericht af. Ze weten waarheen ze op weg zijn en hebben vrij goed door hoe ze er moeten komen. De keuzes die ze maken zijn stevig afgestemd op hun einddoel. Het zijn meestal spirituele zoekers. Hun grootste vreugde is de ultieme vereniging met het goddelijke. Ze leren gaandeweg steeds beter hoe ze hun individuele persoonlijkheid tot uitdrukking moeten brengen, waardoor alles wat ze in zich hebben volledig tot zijn recht komt. Alles wat je in je hebt tot uitdrukking brengen is de grootste vreugde die een mens beschoren is.

HET ROODBORSTJE

3 **3**

Affirmatie

'Ik sta het alles-overstralende bewustzijn van het roodborstje toe mijn hart te openen. Ik erken dat ik liefde ben. Ik laat niets door mij heen gaan wat geen liefde is. Ik laat alle vijandigheid los. Ik wil een kanaal zijn voor het tot uitdrukking brengen van de goddelijke liefde.'

Het roodborstje

De energie van het roodborstje is die van de zuivere liefde. Een roodborstje zien werkt altijd opbeurend. Zuivere liefde oordeelt niet en dat is het geschenk dat het roodborstje ons geeft. Roodborstjes spelen een heel belangrijke rol bij het grondvesten van een bepaald bewustzijn op aarde. Omdat ze zuivere liefde tot uitdrukking brengen is hun aanwezigheid als een zegen.

Je bent afgestemd op de energie van het roodborstje als je een liefde ervaart die boven jezelf uitgaat. Die liefde gaat de romantische liefde te boven. Het is de zuivere liefde van het goddelijke die door ons heen stroomt. We baden elk moment van ons leven in die liefde, maar slechts heel weinig mensen kunnen zich zo ver openstellen dat die liefde via hen tot uitdrukking komt. Het bewustzijn van het roodborstje laat die zuivere liefdesenergie door zich heen gaan, waardoor alles om hem heen op een hoger niveau wordt gebracht.

Als je een roodborstjes-mens bent, heb je op deze aarde tot taak een zuiver werktuig te zijn waarmee het goddelijke zich kan uitdrukken. Je doet dit waarschijnlijk in alle rust. Je bent net als het roodborstje niet luidruchtig en schept niet op over de geschenken die je te bieden hebt, maar de mensen om je heen zien wie je bent doordat ze in jouw aanwezigheid opfleuren.

Dat je in antwoord op een bepaalde vraag of als dagelijks ritueel de kaart van het roodborstje hebt getrokken herinnert je eraan dat je persoonlijke heil tot stand komt doordat je het vermogen hebt ontwikkeld om lief te hebben zonder oordelen te vellen. Sluit je op dit moment je hart voor iemand omdat je het gevoel hebt dat er niet aan je verwachtingen of behoeften wordt voldaan? Doe een stap voorwaarts en blijf niet hangen in de wrok die je liefde in de weg staat. Het ontplooien van je hart is een langzaam proces waarbij je telkens opnieuw de negatieve emoties loslaat die verhinderen dat die liefde door je heen stroomt.

De zegen van het roodborstje is dat hij je bij elk stadium van die ontplooiing kan helpen de negativiteit los te laten en een steeds groter vermogen tot liefde te ervaren. Roep in die situaties het bewustzijn van het roodborstje te hulp en zie hoe de blokkades wegsmelten als sneeuw voor de zon. Het bewustzijn van het roodborstje is volmaakt op één lijn met de goddelijke liefde en wil jou helpen in aanraking te komen met je eigen goddelijke aard. Laat dus vandaag het roodborstje in je hart toe.

④ **DE HAVIK** **④**

Affirmatie
'Ik doe een beroep op het alles-overstralende bewustzijn van de havik om me nu bij te staan. Ik roep hem te hulp om de situatie waar ik in zit te doorbreken. Ik doe nu dapper en vol zelfvertrouwen een stap voorwaarts om deze situatie voorgoed tot een oplossing te brengen.'

De havik

Havik-energie is de energie van de jacht, die elke situatie doelgerichtheid en adrenaline geeft. Ze verhoogt het bewustzijn van de details in kwestie, waardoor je waar het om gaat kunt aanscherpen. Het is een heerlijke energie om uit te putten als je ergens beslist aandacht aan moet besteden.

Op een hoger niveau geeft havik-energie de spirituele zoeker het duwtje dat hij of zij nodig heeft om een moeilijke situatie te doorbreken en het doel te bereiken dat hem of haar voor ogen staat. Ze richt de energie en gaat net zo lang door tot er een oplossing is. Roep de energie van de havik niet zomaar op. Als je het bewustzijn van de havik in een situatie oproept, kun je een sterke bondgenoot verwachten.

Als de havik jouw persoonlijke symbool is, ben je iemand die het heerlijk vindt om de lakens uit te delen. Je hebt sterke leiderskwaliteiten en zet gemakkelijk anderen naar je hand. Je kracht ligt in je vermogen om gebeurtenissen tot een goed einde te brengen door je wilskracht en je doelgerichte inspanning. Je bent een grote aanwinst in gespannen situaties, want je neemt snel beslissingen en brengt de zaken tot een oplossing. Je bent heel sterk en besluitvaardig. Havik-mensen geven er weinig om wat anderen van hen denken. Ze weten wat er gebeuren moet en leggen de resultaten op tafel, ongeacht wat anderen daarvan vinden.

Je hebt vandaag de kaart van de havik getrokken omdat je energie nodig hebt voor de situatie waarin je je bevindt. Je moet de energie doelgericht opheffen uit de vermoeide staat waarin ze verkeert. Doe hiervoor een beroep op het alles-overstralende bewustzijn van de havik. Soms komt het antwoord vrijwel meteen uit de lucht vallen, op andere momenten komt er geleidelijk aan verandering in de situatie. Maar hoe dan ook, je kunt er zeker van zijn dat er hulp komt opdagen.

Nu vraag je je misschien af of je een roofvogel die op een onmiskenbare manier in je leven opduikt, mag aanmerken als een havik. Havik-energie is het bewustzijn dat tot uitdrukking wordt gebracht door alle kleinere roofvogels, hoe je ze verder ook noemt. De adelaar heeft zijn eigen energie.

Met behulp van havik-energie doorbreek je je vroegere grenzen. Je wiekt voortdurend opwaarts naar steeds hogere bewustzijnsniveaus. De havik kan je optillen naar het volgende niveau van zelfexpressie.

DE TORTELDUIF

Affirmatie

'Ik verbind me met mijn eigen hoogste waarheid. Ik roep het alles-overstralende bewustzijn van de tortelduif te hulp om mijn illusies te verbrijzelen en me te laten zien hoe de werkelijkheid echt in elkaar zit. Ik onderken dat ik één ben met alles in dit heelal. Er is geen afgescheidenheid. Ik ben nu in volkomen harmonie met mijn innerlijke wezen.'

De tortelduif

Tortelduif-energie brengt heelheid. Als iets uit zijn evenwicht is, brengt tortelduif-energie het weer in harmonie. Duif-energie lijkt er weliswaar sterk op, maar houdt zich meer bezig met het opruimen van giftige energie terwijl tortelduif-energie harmonie brengt en de energie in zijn omgeving weer herstelt.

Tortelduiven verzamelen zich waar mensen bijeenwonen omdat ze weten waar ze het hardst nodig zijn. Het symbool van de tortelduif is altijd vereenzelvigd met vrede en hoop voor de toekomst, vandaar dat vredesorganisaties de tortelduif terecht als symbool gebruiken. Kijk naar de waarheid achter de uitspraak 'zo zacht als een duif'. Tortelduif-energie is zacht en mooi. Ze maakt tegenstellingen weer tot één geheel. Het koeren van de tortelduif heeft een natuurlijke, harmoniserende uitwerking op het subtiele lichaam van de mens en mensen trekken, om zich te ontspannen, als vanzelfsprekend naar een plek toe waar het geluid van de tortelduif sterk aanwezig is.

Je hebt vandaag de kaart van de tortelduif getrokken omdat er in je leven iets uit zijn evenwicht is. Je weet zelf diep in je hart wat. Tortelduif-energie is teder, maar zie dat vooral niet als gebrek aan kracht. Er zit een zekere lieflijkheid in de kracht van de tortelduif, maar het is desondanks een uiterst effectieve kracht. Als je een beroep doet op het alles-overstralende bewustzijn van de tortelduif om je te helpen je leven weer in harmonie te brengen, kun je wonderen verwachten. De tortelduif werkt samen met de kosmische Christus om tegenpolen weer tot eenheid te brengen.

Als je het gevoel hebt dat de tortelduif jouw persoonlijke symbool is, heb je het bewustzijn van je omgeving op de een of andere manier al op een hoger peil gebracht. Je bent misschien genezer of gewoon een liefhebbend iemand, maar je hebt grote invloed op je omgeving gewoon door er te zijn. Jouw energie brengt de sfeer van de plek waar je je bevindt vanzelf in harmonie, ook al ben je je dat misschien niet bewust. Misschien werk je wel bewust met je energie om evenwicht in het leven van anderen te bewerkstelligen of te bemiddelen tussen partijen die met elkaar in de clinch liggen. Je bezit een natuurlijk vermogen om heelheid tot stand te brengen in welke situatie je je ook bevindt, en het leven is je daar echt dankbaar voor. Tortelduif-mensen stralen het bewustzijn van de kosmische Christus uit, heffen mensen uit hun idee dat ze van elkaar afgescheiden zijn op naar de werkelijkheid van de onderlinge verbondenheid en eenheid van alle dingen.

6 **DE MUS** **6**

Affirmatie
'Ik vraag het alles-overstralende bewustzijn van de mus mijn hart te vullen met zijn vermogen zich open te stellen en zich met mensen te verbinden in een sfeer van kameraadschap. Ik laat mijn verleden nu los en aanvaard blijmoedig de belofte van rijke, lonende vriendschappen met mijn vrienden en familie.'

De mus

Mus-energie is vriendelijk en biedt troost. Mussen zijn niet bepaald mooi of aantrekkelijk, maar hun aanwezigheid wekt een zachte weerklank op die opbeurend werkt als je je gedeprimeerd voelt. Als je mussen in je tuin hebt, brengt dat een vrolijke noot en sprankeling in je leven.

Je hebt vandaag de kaart van de mus getrokken omdat je behoefte hebt aan gezelschap. De mus is de vogel die de energie van vriendschap tot uitdrukking brengt. Je kunt in dit opzicht allerlei soorten vogels mus noemen.

Mus-mensen, die zich sterk tot deze vogel aangetrokken voelen, zijn fantastische vrienden. Het geschenk dat zij je bieden is waarachtige kameraadschap die wordt gegeven zonder dat jij er iets voor hoeft te doen en zonder dat zij er iets voor terug verlangen. Het enige wat ze van je vragen is dat ze je dierbaar zijn. Vriendschap is voor hen het levenselixir en voor hun welzijn van het grootste belang. Mus-mensen gedijen niet in een omgeving waar ze worden omringd door koele, afstandelijke mensen. Ze hebben behoefte aan de warme, vriendelijke interactie waardoor ze zich met het leven verbonden kunnen voelen.

Heb je in antwoord op een bepaalde vraag de kaart van de mus getrokken, kijk dan eens hoe het zit met de vriendschap in je leven. Loop je misschien voorbij aan een mus-mens in je omgeving die wanhopig behoefte heeft aan persoonlijk contact? Voel je je misschien zelf down en moet je eigenlijk contact zoeken met iemand die je uit je moedeloosheid kan halen? Ontken niet dat het belangrijk is dat je bij mensen in de buurt bent. Plekken waar een heleboel mensen bij elkaar zijn, kunnen een wonderbaarlijk genezende uitwerking hebben op iemand die met zichzelf overhoop ligt.

Heb je geen zin meer in feestjes? Laat het alles-overstralende bewustzijn van de in grote groepen levende mus het enthousiasme in je leven terugbrengen. Je kunt het bewustzijn van de mus vragen of het zijn warme, kwieke, sprankelende energie in je energielichaam wil laten stromen. Mussen vinden het heerlijk als je hun om hulp vraagt en je kunt er zeker van zijn dat ze maar al te graag op je verzoek reageren.

Vriendschap is een kostbaar goed en moet gevoed worden. Sta stil bij jouw plaats in de wereld. Ben je op de juiste manier met mensen verbonden? Besteed je genoeg aandacht aan je vrienden, kennissen en familieleden? Dat kan het antwoord zijn op de vraag waarom je je op dit moment alleen voelt. Je moet je leven vullen met warme, liefdevolle contacten met mensen. Dan ken je de vreugde van de mus.

DE PAPEGAAI

7 · **7**

Affirmatie
'Ik vraag het alles-overstralende bewustzijn van de papegaai me uit mijn beperkte bewustzijn te halen en me een hoger perspectief te geven. Laat me zien wat er echt gaande is. Ik heb mijn leven in de hand. Ik kies ervoor te voelen wat ik op dit moment voel. Ik kan er daadwerkelijk voor kiezen dat gevoel op een hoger niveau te brengen, om beter uiting te geven aan wie ik werkelijk ben.'

De papegaai

De energie van de papegaai is van een hogere orde dan zijn gekrijs doet vermoeden. Papegaaien zijn de meesters van het vogelrijk. Ze hebben een heel hoog bewustzijnsniveau en zien de humor die inherent is aan het leven, en de ironie achter de façade van het leven. Een papegaai in je huis kan je op een heel onaangename manier met jezelf confronteren!

Als je net zo reageert als de papegaai, loop je niet achter de massa aan, je gaat je eigen gang. Je hebt je eigen ideeën over het leven en bekijkt je eigen cultuur met een spottend oog. Het maakt je niet uit dat je als een buitenbeentje gezien wordt, want je vindt het prima om naar het leven te kunnen kijken zonder eraan deel te nemen. Daardoor kun je de dingen zien zoals ze werkelijk zijn en er inwendig om grinniken!

Je hebt vandaag de kaart van de papegaai getrokken omdat het leven je vraagt iets dieper in je huidige situatie te duiken. Kijk naar de ware betekenis achter gebeurtenissen en ga er niet van uit dat wat je voor je neus ziet het enige is wat je moet waarnemen. De waarheid achter een situatie moet maar al te vaak vanaf een hoger standpunt bekeken worden. Van perspectief veranderen kan je een andere oplossing of houding aan de hand doen waardoor je vaak ook de humor van een situatie kunt inzien. Wij nemen onszelf veel te serieus. Laat je door het alles-overstralende bewustzijn van de papegaai naar een hogere plek tillen, waar je de dingen duidelijk ziet zoals ze werkelijk zijn.

De papegaai is als huisdier uitermate geschikt om iemand gezelschap te houden. Dat komt doordat ze goed luisteren en reageren. Grasparkieten en parkieten hebben dezelfde soort energie als papegaaien, maar deze is veel minder sterk. Dwergpapegaaien brengen iets heel bijzonders tot uiting en hebben dan ook een eigen kaart. De herinnering van een papegaai is in het vogelrijk iets volslagen unieks, vandaar dat het zulke goede waarnemers zijn.

Je leert van je fouten en op dezelfde manier kan de papegaai op grond van zijn vermogen om te herinneren, voortborduren op wat hij in het verleden heeft meegemaakt. Op dezelfde manier kunnen papegaai-mensen hun gevoel voor patronen uit het verleden gebruiken, waardoor ze oude lessen niet hoeven te herhalen. Daardoor kunnen ze een vruchtbaar leven leiden als meester van de omstandigheden in plaats van als slachtoffer.

8 **DE LIJSTER** **8**

Affirmatie

'Ik aanvaard dat mijn leven op dit moment niet in harmonie is. Ik vraag het alles-overstralende bewustzijn van de lijster zich met me te verbinden en me te laten zien hoe ik weer harmonie in mijn leven kan brengen. Laat me zien hoe ik een hogere trilling kan bereiken, waar ik mezelf kan ervaren als een gelukkig mens. Ik vertrouw erop dat er een oplossing te vinden is.'

De lijster

Lijster-energie is blije energie. Lijsters brengen een sfeer van vrolijke uitgelatenheid in hun leefomgeving teweeg. Verwacht rond een lijster vooral geen rustige energie – hij is een druktemaker die driftig rondhopt op zoek naar interessante wormen en andere lekkere hapjes. Alle lijsters zijn geweldig goede ouders, die hun kroost met zorg grootbrengen.

Het gezang van de lijster is heel lieflijk. Iedereen die het geluk heeft het te horen wordt getroffen door de charme ervan. Het is zo melodieus dat het de sfeer van de hele omgeving waar het weerklinkt op een hoger peil brengt. Wie het zwaar te moede is, wordt opgebeurd en houdt een ogenblik verwonderd halt bij zo veel schoonheid. Genezen door middel van geluid is de taak van het alles-overstralende bewustzijn van de lijster, en zijn melodieuze uitbarstingen zijn een geschenk aan de aarde en haar bewoners.

Mensen die zich identificeren met de lijster als hun symbool houden zich op de een of andere manier zelf ook bezig met de helende kracht die uitgaat van mooie geluiden. Hoewel de leeuwerik en de nachtegaal ook met schitterend gezang geassocieerd worden, gebruikt de lijster zijn stem met name om te genezen. Zijn alles-overstralend bewustzijn kiest de tonen en melodieën die bij uitstek passen bij de gegeven situatie. Zijn stem is de balsem voor de wanklanken en dissonanten in zijn omgeving. Het is heerlijk om lijster-mensen in je buurt te hebben, want hun blije, vrolijke aanwezigheid brengt de energie altijd op een hoger peil en harmoniseert de wanklanken die maar al te vaak in groepen optreden.

Je hebt vandaag in antwoord op een bepaalde vraag of als dagelijks ritueel de kaart van de lijster getrokken omdat je op een bepaald niveau behoefte hebt aan een nieuw geluid. Spoor de wanklank in je leven op. De lijster komt vandaag naar je toe omdat je nu een tegenwicht moet zien te vinden. Dat kan letterlijk betekenen dat je de muziek moet zoeken die je uit je huidige zwaarmoedigheid haalt, maar het kan ook figuurlijk bedoeld zijn. Vraag het alles-overstralende bewustzijn van de lijster of het je wil helpen de wanklank op te sporen en de volmaakte remedie te zoeken. Dat is zijn taak in het leven. Hij bekijkt de situatie en helpt je aan een oplossing. Als je uit zijn energie put, ga je je ook lichter en vrolijker voelen en dat is op zich al een deel van de oplossing. Blije mensen trekken vrolijkheid en gelach aan en daar heeft elke situatie baat bij.

9   DE MEREL   **9**

Affirmatie

'Ik stel vandaag opnieuw mijn grenzen vast. Ik doe een beroep op het alles-overstralende bewustzijn van de merel om me daarbij te helpen. Ik stel opnieuw dat alleen mensen die echt het goede met mij voor hebben mijn ruimte mogen betreden. Ik ben volkomen veilig.'

De merel

9

We voegen in dit verband de merel en de spreeuw samen, want energetisch gezien hebben ze dezelfde functie.

Ook al lijkt het vaak net of merels met ons in onmin leven, energetisch gezien zijn ze voor de mens sterke bondgenoten. Ze hebben qua energie dezelfde functie als onkruid in het plantenrijk: ze vormen een beschermende laag waardoor kwetsbaarder soorten de ruimte krijgen om te gedijen. Ze zijn bazig, onbevreesd en dapper genoeg om rovers te verjagen. Dit komt alle vogels in de buurt die door hen beschermd worden ten goede. Wij hebben voor ons welzijn en onze band met de natuur de zachte energie van de tortelduif, de reinigende energie van de duif, de liefdesenergie van het roodborstje, de vriendschap van de mus en het prachtige gezang van de lijster nodig en daarin is de merel of de spreeuw onze bondgenoot.

Als je vandaag in antwoord op een bepaalde vraag of als dagelijks ritueel de kaart van de merel hebt getrokken, dan is dit een dag waarop je dapper en onbevreesd moet zijn en je mannetje moet staan. Laat de grenzen die voor jou goed zijn niet overschrijden door 'rovers'. Maak dit heel duidelijk zodat ze dat niet nog eens proberen. Je kunt vandaag de 'vesting' optrekken waarbinnen jij je veilig voelt. Gebruik de energie van de spreeuw of de merel om je grenzen duidelijk af te bakenen zodat je niet langer lastig wordt gevallen.

Het is buitengewoon nuttig iemand in de buurt te hebben die contact heeft met de merel of de lijster als zijn of haar vogel. Hij of zij mag dan aan de buitenkant agressief lijken en vaak strijdlustig – 'tetterend' – reageren, als puntje bij paaltje komt is dit nu juist iemand die je graag als vriend of bondgenoot zou willen hebben, want onder dat stoere uiterlijk gaat eigenlijk een liefdevolle, warme, sociaalvoelende ziel schuil die op talloze manieren geeft, maar die vaak verkeerd begrepen en ondergewaardeerd wordt.

Heb je zo iemand in je naaste omgeving, laat je dan niet afstoten door zijn of haar buitenkant. Er valt zo veel te winnen als je door die harde bolster heenbreekt. Als je lang genoeg blijft rondhangen om te zien hoe zorgzaam deze mensen in werkelijkheid zijn, heb je misschien een vriend of vriendin gevonden die er nog is lang nadat de anderen op mysterieuze wijze in rook zijn opgegaan.

10 **DE KRAAI** **10**

Affirmatie
'Ik zie de boodschap die ik vandaag heb ontvangen en dank het alles-over-stralende bewustzijn van de kraai dat hij dit onder mijn aandacht heeft gebracht.'   of
'Ik doe een beroep op het alles-overstralende bewustzijn van de kraai om hier nu aanwezig te zijn. Ik heb dringend behoefte aan hulp en bescher-ming. Ik weet dat je me zult beschermen. Ik ben veilig.'

De kraai

10

Kraaien zijn boodschappers uit andere werelden. Als een kraai zich aan je kenbaar maakt, neem dan de tijd om hem te verwelkomen. Vraag hem wat je moet horen en kijk of je de boodschap die hij brengt, begrijpt. Kraaien staan erom bekend dat ze brengers van slecht nieuws zijn, maar dat verdienen ze niet: ze brengen gewoon goede raad over van vrienden in andere dimensies.

Kraaien hebben ook te maken met bescherming. Als je het alles-overstralende bewustzijn van de kraai te hulp roept als je je bedreigd voelt, krijg je beslist de bescherming die je nodig hebt. Ondanks zijn gekras ligt het in de ware aard van de kraai om te helpen. De aanwezigheid van de kraai gaat gepaard met een gevoel van warmte en humor dat lijkt op de ironische manier waarop de papegaai tegen de vreemde bokkensprongen van de mens aankijkt. Zij hebben in het vogelrijk beide een hoog bewustzijnsniveau.

Als je je sterk identificeert met de kraai, ben je een sterke persoonlijkheid met esoterische belangstelling. Het kan heel goed zijn dat je al fungeert als medium, iemand die boodschappen van het astrale gebied overbrengt aan mensen die behoefte hebben aan leiding of troost. Maar zelfs als je dit niet daadwerkelijk doet, heb je voor dit soort werk wel de potentie. Je hebt die echter nog niet ontwikkeld. Je hulp wordt zeer gewaardeerd door wezens in andere dimensies die de grootste moeite hebben hun gedachten over te brengen aan ons die in de meer verdichte, materiële wereld leven.

Als je in antwoord op een bepaalde vraag of als dagelijks ritueel de kaart van de kraai hebt getrokken, luidt de boodschap voor jou vandaag dat je verbonden bent met iemand die contact met je zoekt in een andere dimensie dan de materiële. Dat kan het aanbieden van steun en bescherming zijn of misschien gaat het om een boodschap voor jou persoonlijk. Zoek een rustig plekje en kijk of je kunt horen wat er doorgegeven wordt. Dat hoeft niet in woorden te gebeuren, het kan komen in de vorm van een bepaald beeld dat troost schenkt of gewoon als een warm gevoel waaraan je steun hebt. Wees er vooral niet op gespitst om een volledige boodschap te ontvangen. Ontspan je en vertrouw erop dat op de een of andere manier wordt onthuld wat je nodig hebt.

De energie van kraaien en eksters lijkt sterk op elkaar en je kunt ze voor deze kaarten dan ook door elkaar heen gebruiken.

11   DE PAUW   **11**

Affirmatie

'Ik vraag het alles-overstralende bewustzijn van de pauwhaan en de pauwhen me het inzicht te geven dat ik nodig heb om verder te gaan. Ik vraag
God mijn leven te zegenen. Ik zal eraan denken dat ik niet alleen ben.'

De pauw

De pauwhaan en de pauwhen zijn de dragers van de sterke vibratie van de wijsheid van God die alles ziet. De prachtige verentooi en staart van de pauw herinneren ons op een schitterende manier aan de uitgelezen wijze waarop God zich in de natuur uitdrukt. Onze wereld is voor God een heerlijk speelterrein waarop Hij zich in talloze vormen en kleuren uitdrukt, die elk op zich uniek zijn, maar die alle zonder meer deel uitmaken van het geheel.

Pauw-mensen zijn de zieners en profeten van deze wereld. Zij zijn het tot wie we ons wenden als we spirituele leiding en goede raad nodig hebben. Hun wijsheid en inzicht zijn de bakens die onze weg verlichten op onze lange reis naar het opnieuw ontwaken van ons goddelijk Zelf. Heb je een pauw-mens in je leven, koester hem of haar dan. Ze zijn echt heel zeldzaam.

Als je vandaag de kaart van de pauw hebt getrokken, ben je gezegend. Het is een dag waarop je Gods zegen direct kunt voelen als iets lichamelijks of door onverwachte kleine wonderen die je blij maken. Laat je vandaag doordringen van de gedachte dat je ten diepste bemind wordt door een aanwezigheid die alles ziet en die precies weet wie je bent en waar je thuishoort. Niemand is ooit echt alleen, want dat alziende oog is altijd bij je.

De pauwhaan en de pauwhen vertegenwoordigen dat aspect van God dat inzicht in de wereld brengt. Dit staat niet voor de wijsheid die je uit boeken kunt halen, maar voor de wijsheid die diep uit het hart opwelt en die het gevolg is van het worstelen met de paradoxen van het leven.

Vreugde bloeit op doordat je aan de paradox van de tegenstellingen voorbij je weg vindt naar het stiltepunt waar alles één is. Het oog op de staart van de pauw is het ik waarbinnen alles in het heelal vertoeft. Je kunt een beroep doen op het alles-overstralende bewustzijn van de pauwhaan en de pauwhen om je te helpen bij de volgende stap op je reis naar je Zelf.

Affirmatie

'Ik vraag het alles-overstralende bewustzijn van de zwaan me bij deze relatie te helpen. Leer me hoe ik in mezelf het ware evenwicht kan bewerkstelligen zodat mijn uiterlijke relatie de weerspiegeling is van dit innerlijke evenwicht. Ik weet dat ik me precies op de plek bevind waar ik op dit moment
moet zijn, en houd de gaven die deze relatie me geeft in ere.'

De zwaan

Zwanen zijn sierlijke wezens. Hun gratie en schoonheid zijn legendarisch en hun serene aanwezigheid is een sieraad voor een meer of rivier. De echte gave van de zwaan is dat hij een partner voor het leven weet te vinden. Vormen zwanen eenmaal een paar, dan zoekt het mannetje of vrouwtje, zelfs als de partner is gestorven geen nieuwe meer. Het is alsof de partner een stempel op de ziel van de ander heeft gedrukt die niet kan worden vervangen.

Jouw kaart spreekt vandaag tot je over partnerschap. Het beste in het leven is dat je je ware partner vindt, maar dat is niet voor iedereen weggelegd. Soms moet je je eigen innerlijke mannelijke of vrouwelijke kant leren kennen zodat je het heilige huwelijk binnen jezelf ervaart en niet in de buitenwereld hoeft te zoeken naar een partner om je aan te vullen. Iedereen moet – of hij al dan niet een relatie heeft – die heelheid in zichzelf vinden. Het is een essentiële voorwaarde voor de laatste stadia van zelfverwezenlijking. Heel vaak bereidt het innerlijke huwelijk tussen het mannelijke en het vrouwelijke in je psyche de weg voor naar de ontmoeting met je partner in de buitenwereld. Je bent klaar voor de ware toewijding op zielsniveau. Kijk hoe het zit met je huidige partner. Probeer te voelen wat deze relatie je te bieden heeft. Elke relatie kent zijn eigen gaven en het komt maar heel zelden voor dat een relatie volslagen volmaakt is. Breng voordat je deze kaart weer weglegt ten minste één duidelijke reden onder woorden waarom jullie bij elkaar zijn.

Niemand weet wat het leven in petto heeft. Respecteer je partner en benut de tijd die je samen hebt. Laat geen liefdevolle woorden ongezegd en zorg ervoor dat gezamenlijke dromen uitkomen. Misschien is de romantiek enigszins bekoeld, maar de echte bindende factor in een liefdevolle relatie is vriendschap. Dit is misschien niet je ware zielshuwelijk, of misschien ook wel, maar als je echt vrienden kunt zijn, heb je de sleutel tot een succesvolle relatie in handen.

Mensen die zich identificeren met de zwaan zijn hun relatie zeer toegewijd. Het is een van de grootste vreugden in hun leven om die band in ere te houden. Het gaat hierbij meestal om een verbintenis tussen twee mensen die een lange weg hebben afgelegd om hun eigen mannelijke en vrouwelijke kant met elkaar in evenwicht te brengen, waardoor het uiterlijke huwelijk sereen en harmonieus is. Ze zijn een prachtige voorbeeld van alles wat het huwelijk kan zijn. Vraag het alles-overstralende bewustzijn van de zwaan je te helpen bij het zoeken naar deze staat van genade.

13 DE ADELAAR **13**

Affirmatie

'Ik vraag het alles-overstralende bewustzijn van de adelaar in mijn leven aanwezig te zijn. Gesterkt door zijn aanwezigheid, vorder ik mijn macht terug. Zo zij het.'

De adelaar

Adelaars kunnen hoger vliegen dan de meeste vogels. Ze zien grootse verge-zichten ver beneden zich en kunnen met hun scherpe ogen de kleinste beestjes opsporen. Zij zijn de vorsten en vorstinnen van het vogelrijk en de dragers van de trillingsenergie van het machtsaspect van God. (De pauw is de drager van het wijsheidsaspect van God en het roodborstje is de drager van Zijn liefdesaspect.)

Vorsten en vorstinnen staat een geweldige macht ter beschikking en zo is het ook gesteld met mensen die de adelaar als symbool hebben. Zij zijn natuurlijke leiders. Zijn het al rijpe zielen, dan heersen ze over anderen met wijsheid en mededogen, maar je hebt ook adelaar-types die de meer roofvo-gelachtige aspecten van de adelaar ten toon spreiden en die hun macht mis-bruiken. Als je een adelaar-mens bent, weet dan dat je je macht hebt gekre-gen van God alleen. Als je God door je heen werkzaam laat zijn, staat achter jouw macht de macht van het goddelijke, maar als je je niet voegt naar God, kun je in spiritueel opzicht diep vallen en te pletter slaan, want door macht worden zowel de goede als de slechte kanten in je persoonlijkheid enorm versterkt.

Je hebt vandaag in antwoord op een bepaalde vraag of als dagelijks ritueel de kaart van de adelaar getrokken omdat dit een dag is waarop je je macht moet terugvorderen. Je kunt met de hulp van het alles-overstralende bewustzijn van de adelaar de controle over je leven weer terugnemen. Adelaars vliegen heel hoog en zoeken de ruimte beneden zich af. Zij hebben daar een veel beter overzicht dan wij op de grond. Zie je machteloosheid op een bepaald terrein en vorder met kracht terug wat je uit handen hebt gegeven.

De geschiedenis zit vol verhalen over de opkomst en neergang van grote rij-ken. Dit zijn de veroveringen van adelaar-mensen die weten dat hun pad naar wijsheid hen leert hoe ze moeten omgaan met de valkuilen en verlei-dingen van macht en hoe die in alle nederigheid moeten omzeilen. Dit kan worden uitgespeeld in de wereld van de aardse macht, maar heeft ook te maken met spirituele macht. De magiërs van de spirituele wereld kampen met grote verleidingen om de macht die ze hebben te misbruiken. Seksuele energie is vaak een dodelijke valkuil voor wereldse en spirituele machtheb-bers. Wie erin slaagt deze potentiële valkuilen te vermijden en de duizeling-wekkende hoogte van de spirituele overwinning te bereiken is pas echt een grote ziel.

14 DE UIL **14**

Affirmatie

'Vandaag is een dag van diepe verandering op zielsniveau. Ik erken het alles-overstralende bewustzijn van de uil en roep het te hulp bij het loslaten van oude patronen. Help me in contact te komen met de spirituele krachten die mij het best naar een plek in mezelf kunnen leiden waar ik in aanraking kom met vreugde.'

De uil

14

Nachtwezens als de uil vertegenwoordigen het collectief onbewuste van de mensheid, de verblijfplaats van onze ware kennis, van mysterie en magie. Wij zijn ons het leven van deze schuwe vogels niet bewust, maar zij roepen, jagen en kijken terwijl wij dromen. We moeten wakker zijn om hen te begrijpen en als we hen dan gadeslaan, kunnen zij iets van hun mysterie onthullen. Kwam er vandaag een uil voorbij? Een uil zien is altijd ontzagwekkend. Hij voorspelt grote gebeurtenissen; traditioneel de dood, waarschijnlijk de dood van een manier van leven – er is een belangrijke overgang op komst. Wees niet bang. Overgangen bieden prachtige nieuwe mogelijkheden.

Als je vandaag de kaart van de uil hebt getrokken, zegt het leven dat er geheimzinnige bewegingen plaatsvinden die een verandering bewerkstelligen. Let hierop en weet dat alles op zijn eigen tijd komt. Jij wenst misschien grote veranderingen en bent gefrustreerd omdat er niets lijkt te gebeuren. Dan zegt de uil je te ontspannen en de grotere krachten voor je te laten werken. Voorbarige acties op dit moment kunnen het langzaam op hun plaats komen van structuren verstoren. Denk niet dat er omdat er niets gebeurt, niets gebeurt! Als de uil je kaart is, kun je erop vertrouwen dat de juiste beweging plaatsvindt en op het juiste moment verandering tot stand brengt. Het verschijnen van de uil voorspelt even vaak gelukkige gebeurtenissen als overgangen. Vergeet niet dat de uil de collectieve onbewuste krachten vertegenwoordigt. Op een onbewust niveau bestaan er banden tussen mensen. We delen dezelfde nachtmerries, angsten en zorgen, maar we hebben ook allemaal deel aan de archetypische beelden die ons verbinden in de, weliswaar niet gesproken, gemeenschappelijke taal van de mensheid. Werken aan de ziel is graven in het eigen onbewuste om de negatieve patronen die we hebben geërfd en waaraan we vanwege onze reactie op pijnlijke gebeurtenissen vastzitten, met wortel en al uit te roeien. Daarna kan de ziel positieve patronen zoeken en die ervoor in de plaats stellen. Er is een bewuste wilsinspanning voor nodig om duistere invloeden te vervangen door lichtere. Als het duister in de ziel kracht verliest, kan het spirituele krachtiger in iemand werken. Dit verbindt hem met de leidinggevende krachten in het heelal die zijn levensloop bepalen en kunnen verzachten. Het soort gelukkige gebeurtenis dat door een uil wordt aangekondigd is een bijzonder zinvolle, vreugdevolle interactie tussen jezelf en anderen, die leidt tot diepe vrede in heel je wezen.

15 DE OOIEVAAR **15**

Affirmatie
'Ik vraag het alles-overstralende bewustzijn van de ooievaar met me samen
te werken om wat mij voor ogen staat in vervulling te doen gaan. Ik weet
dat dit kan en zie het als voltooid.'

De ooievaar

15

Traditioneel brengt de ooievaar de baby's. Achter deze charmante mythe gaat de waarheid schuil van wat het bewustzijn van de ooievaar doet op energie-niveau. De energie van de ooievaar schenkt gerichte kracht waardoor iets creatiefs zich op het materiële vlak kan manifesteren. Het kost energie en wilskracht om een idee uit de dimensie van het denken te halen en in deze wereld handen en voeten te geven. De energie van de ooievaar kan je helpen je baby precies daar ter wereld te brengen, waar hij/zij/het zijn moet.

Wat probeer je op dit moment zichtbaar te maken? Deze kaart suggereert dat er een gedachtekind is dat je in de materiële wereld wilt brengen. Dan heb je in de ooievaar een goede bondgenoot. Vraag het alles-overstralende bewustzijn van de ooievaar je te helpen in jouw specifieke situatie en laat het de obstakels uit de weg ruimen die het 'baren' van dit project in de weg staan. Zo kun je de zwangerschapsperiode aanzienlijk versnellen!

Als je je sterk aangetrokken voelt tot de ooievaar, sta je erom bekend dat je je ideeën kunt verwezenlijken. Je bezit echt de gave om een idee de hele weg te laten afleggen van het aanvankelijke concept tot aan zijn verschijning als werkelijkheid in de wereld. Hiervoor zijn wilskracht, helderheid, doelgerichtheid en besluitvaardigheid nodig. Onderken je opmerkelijke vermogen om iets in de wereld te brengen – niet iedereen is daarmee gezegend.

Je kunt ooievaar-energie aanwenden op het diepste niveau van de psyche om je te helpen de obstakels uit de weg te ruimen die het zelf ervan weerhouden met het Zelf te versmelten. Zijn doelgerichte energie kan op dit gebied heel sterk zijn. Als je je tot de ooievaar aangetrokken voelt of hij verschijnt op de een of andere magische manier in je leven, vraag hem dan met je samen te werken om de geboorte van je volmaakte Zelf in deze wereld te bewerkstelligen.

16 **DE LEEUWERIK** **16**

Affirmatie

'Ik weet nu dat het zinloos is mijn verdriet nog langer vast te houden. Ik draag deze situatie over aan God en laat mijn behoefte om het recht in eigen hand te nemen varen. Ik laat mijn gekwetstheid los en omarm de vreugde van het leven. Ik vraag het alles-overstralende bewustzijn van de leeuwerik me op te tillen naar de hemel en laat me door alle gevoelens van vreugde en geluk verlossen van pijn en verdriet.'

De leeuwerik

16

Leeuweriken zijn het klaroengeschal uit de wereld van de natuur dat bestemd is voor onze wereld. Ze brengen de boodschap over van verzoening door overgave aan vreugde. De leeuwerik vliegt op zijn uitgelezen, vreugdevolle lied omhoog en wordt in die extase één met zijn schepper. Hij stijgt moeiteloos op naar de hemel. Dit schenkt hem enkel de verrukking dat hij deel heeft aan het feest van het leven.

De leeuwerik herinnert ons aan de macht van pure verrukking. Het gevoel van gelukzaligheid vloeit daaruit voort dat we ons volledig kunnen overgeven aan golven van vreugde. Vasthouden aan pijn en verdriet werpt een barrière op tegen de helende kracht die uitgaat van vreugde en geluk. We blijven vastzitten in zwaarmoedigheid en hartenpijn doordat we koppig weigeren toe te geven en het verleden los te laten. We vinden het heerlijk aan het laatste restje pijn en woede vast te houden en verlengen zo ons lijden tot in het oneindige. De leeuwerik herinnert je eraan dat je moet loslaten. Laat alle ellende en bitterheid los. Laat de opgekropte woede en wrok varen. Geef je over aan het lied van het leven dat niets liever wil dan je optillen naar de hemel als je het door je heen laat gaan en zo je wonden geneest.

Als je vandaag de kaart van de leeuwerik hebt gekozen, luister dan naar zijn extatische lied. Laat je door de transcendente muziek van dit vogeltje naar een ervaring van gelukzalige vereniging met het goddelijke brengen. Je houdt ergens aan vast en het is tijd om dat los te laten. Laat de mensen die verkeerde dingen doen over aan God en doe jezelf geen pijn door vast te houden aan oude grieven.

Als de leeuwerik je sterk aanspreekt, ken je de kracht die uitgaat van opgetogenheid en verrukking. Je weet hoe je de vreugde door je lichaamscellen moet laten stromen om alle giftige stoffen weg te spoelen. Je vindt het waarschijnlijk heerlijk om te zingen en hebt een prachtige stem. Leeuwerikmensen maken gebruik van geluid om de uiteindelijke vereniging met het goddelijke, het grote doel, te bereiken en schenken zo heel veel mensen vreugde. Ze gebruiken hun stem niet als tegenwicht tegen negativiteit zoals de lijster, het is gewoon hun pad naar vreugde. Hoe dan ook, hun verheerlijking van geluid kan anderen laten zien hoe ze zich in pure vreugde kunnen laten gaan.

DE NACHTEGAAL

Affirmatie

'Ik laat de vorm los van wat me pijn doet en laat in plaats daarvan de liefde van God binnen. Ik vraag het alles-overstralende bewustzijn van de nachtegaal me de waarheid te openbaren. Ik aanvaard God als mijn ware geliefde.'

De nachtegaal

Heb je ooit een nachtegaal horen zingen? Het is een prachtig geluid waar je hart bij stilstaat. Nachtegalen bezingen de werkelijkheid achter de illusie van het leven. Ons hart stokt heel even omdat wij terwijl ons hart hier klopt in illusies leven en we dat vergeten zijn. We zijn vergeten dat het leven een lied is dat door God wordt gezongen. God drukt de vreugde uit van het scheppen van het ene heelal na het andere vol wonderen. Hij heeft elk deeltje van dat heelal lief. De nachtegaal herinnert ons eraan dat, terwijl wij denken dat we lijden en daarom huilen, het heelal aldoor zingt. Als we met dat lied konden instemmen, zou ons lijden verdwijnen, want lijden is de illusie dat we gescheiden zijn van God. Wij denken dat we op een beschamende manier uit het paradijs zijn verdreven, dat we ons gezicht voor God moeten verbergen. Maar God is aanwezig in elke molecuul, in elk moment. Wij verkeren in de illusie dat we gescheiden zijn van de goddelijke liefde. Als we onze schaamte kunnen laten varen en die goddelijke liefde weer in ons leven kunnen toelaten, beginnen we het lied van de nachtegaal in ons eigen hart te horen.

Mensen die zich sterk aangetrokken voelen tot de nachtegaal zijn van alle mensen het best in staat de goddelijke liefde te activeren. Het roodborstje laat de goddelijke liefde naar de wereld gaan door zich volledig open te stellen en een leeg vat te worden waar die liefde doorheen kan stromen. De nachtegaal maakt daadwerkelijk de liefde vrij in de lichaamscellen van andere schepselen die zijn lied horen. Zijn lied stemt zozeer overeen met het lied dat God voortdurend zingt, dat eenieder die het hoort er op een subtiele manier door verandert. Nachtegaal-mensen bezitten het bijzondere vermogen de mensen in hun buurt te veranderen door de macht van hun liefde.

Als je vandaag de kaart van de nachtegaal hebt gekozen, ben je misschien verwikkeld in een innerlijk drama dat je leven op zijn kop zet. Nachtegaal-energie kan geweldige veranderingen teweegbrengen en je door zijn snelle bijstand de oplossing aanreiken. Laat hem in je dilemma toe en zie hoe de illusies door de macht van de goddelijke liefde verbrijzeld worden en de echte werkelijkheid zich openbaart.

Je hebt vandaag de keus: vasthouden aan je gehechtheid aan een God die zich voordoet in een bepaalde vorm óf die vorm loslaten en tot de ontdekking komen dat je in plaats van iets te verliezen iets hebt gewonnen, namelijk de enige ware minnaar, God, die in alles is.

18 **DE IBIS** **18**

Affirmatie

'De tijd is aangebroken dat ik mezelf leer kennen. Ik vraag het alles-overstralende bewustzijn van de ibis met mijn bewustzijn te versmelten en me
God te laten zien. Ik verzet me er niet langer tegen dat mijn volledige Zelf
aan me wordt geopenbaard. Ik ben bereid.'

De ibis

De ibis onthult de kern van de zaak. De heilige ibis, de hadeda ibis en de andere leden van de ibis-familie hebben een vibratie waarmee ze tegen de wereld schreeuwen dat er sprake is van een grap die ons ontgaat. Hun rauwe kreten drijven de spot met ons gevoel dat wij de beslissingen nemen, een gevoel dat we ons ten onrechte hebben aangematigd. Je bent niet wie je denkt dat je bent. Je bent ongelooflijk veel meer dan je kunt bevroeden. De ibis lacht omdat het zo belachelijk is dat wij leven alsof we mollen zijn die blind rondwroeten in het donker terwijl er overal om ons heen licht is en ons ware wezen zo oneindig veel groter is.

Dat je deze kaart hebt getrokken, zegt heel veel. Het is je Zelf dat je terugroept naar huis. Het is het teken dat wie jij denkt dat je bent op het punt staat te ontdekken wie je werkelijk bent. Ibis staat op het punt de clou van de grap te onthullen – hij lacht ons vierkant uit.

Je kunt het tij niet keren – eens zal het grote Zelf zich aan het kleine zelf openbaren. Het zelf huivert omdat het denkt dat het zichzelf zal verliezen, maar het kan de loop der dingen maar tijdelijk tegenhouden. De machtige kracht van het Zelf kent geen barrières. Ze breekt op het juiste moment door de bange weerstand van het ego heen en zo openbaart de volle heerlijkheid van wie je bent zich. Dan lach je met de ibis mee.

Als je je sterk tot de ibis aangetrokken voelt, ben je in de wereld van het spirituele leiderschap een gigant. Je staat echt in contact met God. Je weet wie je bent en begrijpt de grap die de ibis verkondigt.

Ibis-mensen kunnen achter de zichtbare manifestatie van de werkelijkheid kijken. Zij kennen de echte werkelijkheid die aan alles ten grondslag ligt. Niemand krijgt hun zover dat ze geloven dat ze minder zijn dan ze zijn. Die waarheid leven ze. En eens doen we dat allemaal.

Als de ibis om je aandacht schreeuwt, weet dan dat je Zelf op je wacht. Laat ibis je eraan herinneren dat wie je echt bent elke beschrijving te boven gaat en in al zijn grootsheid staat te stralen. Zo groots dat het eigenlijk niet verschilt van God, want God is het enige wat er is. Wie dat weet, kent zijn of haar Zelf.

(19) DE VINK **(19)**

Affirmatie
'Ik roep het alles-overstralende bewustzijn van de vink te hulp om me te laten zien wat mijn echte doel in deze gemeenschap is. Op welke manier kan ik hier het Zelf het best dienen?'

De vink

De kleine vink heeft geen gevoel van zelf, afgescheiden van het geheel. Hij bestaat alleen als deel van de groep. Het bewustzijn van de groep is één en alle vogeltjes zijn de uiting van dat ene bewustzijn. Een vink voelt zich nooit buiten het grote bewustzijn staan dat door hem leeft.

Zo maakt ook ieder mens deel uit van het grote bewustzijn dat God is. Wij zijn daar nooit van gescheiden, het komt door ons tot leven. Anders dan de vink, zijn wij mensen ons vaak niet bewust van de continuïteit van dat bewustzijn en denken we dat we afgescheiden en alleen zijn. In werkelijkheid zijn we echter geen moment gescheiden van de grotere werkelijkheid. Net als de vink functioneren wij als een kostbaar onderdeel van een veel groter geheel. We reageren erop en communiceren ermee, meer of minder bewust.

Mensen voor wie de vink hun favoriete symbool is, leiden hun leven als deel van een gemeenschap. Ze genieten ervan dat ze deel uitmaken van iets wat groter is dan zijzelf. Ze stellen hun vaardigheden in dienst van het welzijn van het geheel – dat schenkt hun diepe voldoening. Het zijn meestal harmonieuze mensen die met anderen samen kunnen gaan zonder hun manier van doen op te dringen. Een leefgemeenschap vereist dat er op bepaalde vlakken innerlijk heel hard gewerkt wordt en is voor veel mensen een sterk pad tot zelfverwezenlijking. Dit pad is vol verleidingen en valkuilen en je kunt op bijzonder onaangename manieren met jezelf geconfronteerd worden.

Als je vandaag de kaart van de vink hebt getrokken, kijk dan eens hoe jij in de gemeenschap staat. Je woont misschien niet in een leefgemeenschap, maar de meeste mensen horen toch wel ergens bij: een kerk, een buurt, een school of gewoon een stel vrienden. Wat moet er in jouw bewustzijn verschuiven waardoor je meer harmonie in de situatie kunt brengen? Berokkent de schaduwkant van jouw persoonlijkheid anderen schade of probeer je je eigen wil op te leggen ten koste van het geheel? Of oefent de schaduwkant van iemand anders op een negatieve manier invloed uit op jou? Alle betrokkenen zouden hierdoor geweldig kunnen groeien, maar het kan ook zijn dat de groei zit in het besef dat het tijd is om op te stappen.

Vraag het alles-overstralende bewustzijn van de vink of je moet blijven en door de dingen waarmee je hier geconfronteerd wordt heen moet ploegen of dat het tijd wordt om je van deze gemeenschap los te maken en aan een nieuwe cyclus in je leven te beginnen. Je ziel kent het antwoord.

DE KANARIE

Affirmatie
'Ik vraag het alles-overstralende bewustzijn van de kanarie me nu bij te staan. Ik laat me door zijn optimistische energie weer op het pad van vreugde brengen. Ik vraag God de situatie waar ik in zit te zegenen en me te helpen door te gaan. Ik weet dat er een oplossing is en dat de juiste weg me zal worden gewezen.'

De kanarie

Kanarie-energie is zonne-energie. Het is de heldere, levensbevestigende energie die alles verwarmt. Mensen zijn dol op de kanarie als huisdier omdat hij met zijn prachtige gele kleur en lieflijke gezang in ons huis net een kleine lichtbron is. Kanarie-liefhebbers moeten zich door deze vogeltjes laten opbeuren en kiezen intuïtief de energie waarmee ze boven de somberheid die hen naar beneden trekt, kunnen uitstijgen.

Mensen die zich sterk aangetrokken voelen tot de kanarie zijn zorgeloze troubadours. Ze zijn vrolijk en warm van aard en beuren de mensen om zich heen automatisch op. Ze houden meestal van zingen en kunnen gemakkelijk muziek ontlokken aan welk instrument ook. Mensen voelen zich als vanzelf tot hen aangetrokken omdat zij hen laten delen in hun warmte en levenslust. Zonneschijn-energie is optimistische energie en die helpt in elke situatie. Kanarie-mensen zijn gevoelige zielen die hun levensbevestigende energie aanwenden om mensen die verdriet hebben op te fleuren. Alle kanaries kunnen mensen uit hun zwaarmoedigheid halen en weer in harmonie met zichzelf brengen. Veel kanarie-mensen werken dus op plekken waar daar behoefte aan is, zoals ziekenhuizen of troosteloze, verpauperde achterstandswijken.

Het belangrijke van kanarie-mensen is dat ze die levensbevestigende energie niet bewust uitstralen. Ze maakt gewoon deel van hen uit en ze stralen haar uit waar ze zich ook bevinden. Die energie is dus met name heel geschikt in situaties waarin mensen zich onvoorwaardelijk geaccepteerd willen voelen, zoals in gevangenissen, inrichtingen voor geesteszieken en vervallen buurten. Het zijn begenadigde zielen die dingen ten goede kunnen laten keren.

Als je vandaag de kaart van de kanarie hebt gekozen, wees dan optimistisch gestemd. Ga ervan uit dat er voor de situatie waar je in zit de beste oplossing komt. Laat je door het lieflijke kanariegeel verwarmen en hoopvol stemmen. Hoop herstelt automatisch het evenwicht, waardoor je op een realistische manier en zonder de oogkleppen van droefheid en wanhoop kunt zien waar je staat.

Laad je weer op door het alles-overstralende bewustzijn van de lieflijke kanarie te vragen zijn trilling in je energievelden te gieten. Vul je met zijn gele kleur en zoek het licht en de zonneschijn op om je ziel in balans te brengen.

21   DE FLAMINGO   **21**

Affirmatie

'Deze situatie is mijn energie en aandacht ten volle waard. Ik vraag het alles-overstralende bewustzijn van de flamingo me te laten zien hoe ik in deze groep het best kan functioneren en vraag het mij te helpen mijn persoonlijke ambities op te geven zodat wat ik te bieden heb het welzijn van het geheel ten goede komt.'

De flamingo

Flamingo's leven vrijwel altijd in kolonies. Je ziet ze zelden alleen. Ze bieden als groep een spectaculaire aanblik – het individu is zo veel minder dan de som van zijn delen. Flamingo-energie vertelt ons over het bestaan als natie, volk, land. De schoonheid van het geheel wordt bepaald door het effect dat al die verschillende individuele onderdelen gezamenlijk hebben. Een groep mensen is onderling verbonden door liefdesenergie. Het zachte roze van de flamingo is een sterke weerklank van die liefde.

Als je vandaag in antwoord op een bepaalde vraag of als dagelijks ritueel de kaart van de flamingo hebt getrokken, dan vraag je je af hoe jij jouw energie met die van anderen zou kunnen bundelen om samen sterker te staan. Velen van ons zijn geneigd zich terughoudend op te stellen in plaats van zich ergens volledig in te storten, omdat we niet zien hoe we er met onze energie iets aan zouden kunnen bijdragen. De flamingo zegt dat er sprake is van een situatie waarin het er wel degelijk iets toe doet of jij er je energie aan geeft. Je krijgt waarschijnlijk zelf geen waardering voor je bijdrage, maar diep in je hart weet je dat er wel degelijk van je energie gebruik gemaakt is. Je beloning ligt daarin dat je ziet dat de hele situatie op de een of andere manier een stap verder is gekomen en dat je weet dat jij daar deel van hebt uitgemaakt.

Mensen die zich sterk aangetrokken voelen tot de flamingo hebben er behoefte aan hun energie in te zetten voor een groter doel dan alleen hun eigen vooruitgang. Dit zijn overal ter wereld de politici, en de voorvechters van rechtvaardigheid. Ze worden vaak niet opgemerkt, maar ze hebben hun leven in dienst gesteld van de gemeenschap. Roze is de kleur van de liefde en wil jouw opoffering echt succes hebben, dan moet je dit in volle nederigheid en met een ontvankelijk hart doen. Als je de situatie laat over-schaduwen door je ego, gaat er veel verloren en kan de hele boel ontwricht raken omdat jouw eigen ambitie de kop opsteekt.

Vraag het alles-overstralende bewustzijn van de flamingo om nederigheid. Bedenk dat je maar een heel klein radertje bent in het grote geheel. Je bent wel degelijk nodig, maar alleen als je je energie hieraan toevoegt en niet als je persoonlijk wilt opvallen.

22 DE PELIKAAN **22**

Affirmatie

'Ik vraag het alles-overstralende bewustzijn van de pelikaan me vandaag bij de hand te nemen terwijl ik door deze pijn heen ga. Ik weet dat ik ... moet laten gaan. Help me ... los te laten en de vreugde te voelen dat ik bevrijd ben van iets wat me op het materiële vlak van het bestaan vasthoudt.'

De pelikaan

Pelikanen zijn de vogels die het sterkst resoneren met de energie van materieel bezit. Er is in wezen niets mis mee om materiële bezittingen te verwerven. Het enige wat je echt bezit is je Zelf – dat is het enige. De wijzen weten dit en kunnen in de materiële wereld leven zonder zich ergens aan te hechten. Of ze nu rijk of arm zijn, ze houden zich alleen bezig met hun ware aard – bezittingen komen en gaan en we moeten ervan genieten, maar we mogen er niet aan vastzitten.

Mensen die zich sterk aangetrokken voelen tot de pelikaan hebben die positieve innerlijke houding ten opzichte van materieel bezit bereikt. Het kan zijn dat ze, net zoals de pelikaan voedsel opslaat in zijn bek, allerlei dingen hebben verzameld die hun dierbaar zijn, maar ze moeten hun gehechtheid aan de vorm ervan opgeven. Ze kunnen iets bezitten zonder dat hun de schrik om het hart slaat bij de gedachte dat ze het kwijt zouden kunnen raken. Dit is een gezegende toestand waardoor iemand met de speeltjes van deze materiële wereld kan spelen zonder erin verstrikt te raken. De vorm van de dingen oefent echter zo'n sterke aantrekkingskracht op ons uit dat alleen rijpe zielen in deze staat van genade verkeren. De meesten van ons schieten wat dit betreft schromelijk te kort.

Je hebt vandaag in antwoord op een bepaalde vraag of als dagelijks ritueel de kaart van de pelikaan getrokken omdat die je erop wil wijzen dat je op dit moment ten onrechte ergens aan gehecht bent. Wie of wat wil je vasthouden? Gebruik de meedogende energie van de pelikaan om je te laten zien hoe misplaatst die gehechtheid is en zie er verder van af. Als het je lukt een bewustzijnsverschuiving te bewerkstelligen waardoor je ziet dat alles God is en dat je eigenlijk alleen maar de vorm van iets loslaat en niet de essentie, zul je er veel gemakkelijker in slagen dat ding of die persoon los te laten.

Pelikanen begrijpen het principe van oppotten en loslaten precies en zullen je hierin liefdevol begeleiden als je hun hulp inroept. Het enige wat bestaat is het Zelf en dus kan er niet echt iets verloren gaan.

23 DE IJSVOGEL **23**

Affirmatie
'Ik heet het alles-overstralende bewustzijn van de ijsvogel welkom in mijn hart. Ik ben er klaar voor om eraan te denken.'

De ijsvogel

IJsvogels leven in de nabijheid van meren en rivieren. Ze wonen in bomen en vliegen door de lucht, maar zijn voor hun voedsel afhankelijk van water. IJsvogel-energie heeft een diepgaande, transformerende uitwerking. Deze vogels zijn gelijk aan de heiligen van deze wereld. Hun diep spirituele wezen doordringt onze materiële wereld en herinnert ons aan ons niet-materiële doel. Heilige mannen en vrouwen schenken de wereld hun genade en heffen mensen op naar een hoger niveau van spiritueel inzicht. Het alles-overstralende bewustzijn van de ijsvogel strekt zich heel ver uit en zet in de natuur een bepaalde toon die mensen die zich daarop kunnen afstemmen, de gelegenheid biedt zich hun ware aard weer te herinneren.

Mensen die de ijsvogel als hun eigen specifieke symbool ervaren zetten op een rustige manier dof lood om in gloeiend goud in alles om zich heen. Hun aanwezigheid is een zegen en de uitwerking die ze hebben is als een rimpeling in een oneindige oceaan die zich uitbreidt tot in de eeuwigheid.

Als je vandaag de kaart van de ijsvogel hebt getrokken, verbind je je met je ware Zelf. Er gebeurt iets wat de sluier opzij trekt waardoor je je herinnert wie je werkelijk bent. Je bent dat aldoor al geweest, maar de illusie van de materiële wereld heeft je van het tegendeel overtuigd. Nu weet je het.

DE ZEEMEEUW

24 24

Affirmatie
'Ik laat me door het alles-overstralende bewustzijn van de zeemeeuw helpen om toegang te krijgen tot mijn onbewuste angsten en programmering. Ik vraag God me hierin bij te staan. Ik erken dat er geen sprake kan zijn van genezing zonder Gods tegenwoordigheid. Ik zweef vrij rond.'

24 De zeemeeuw

Stel je eens voor dat je onbelemmerd en ongehinderd over de zee kunt vliegen. Je kijkt neer op die prachtige, eindeloze watervlakte en weet dat jij daar heer en meester over bent. Bang hoef je er niet voor te zijn, want als je moe bent, glijd je gewoon naar beneden om daar even drijvend uit te rusten en als je honger hebt, duik je de diepten in om een vis te vangen. Je voelt je niet beperkt tot de kust of vastgehouden door de aarde. Wat een vrijheid! Mensen die zich aangetrokken voelen tot de zeemeeuw zijn boven de aardse belemmeringen uitgestegen. Niets houdt hen hier vast. Desondanks hebben ze hier wel werk te doen. Ze moeten aan de slag in het rijk van het onbewuste dat door de zee wordt gesymboliseerd. Ze duiken de diepten in en halen wat verborgen ligt omhoog naar het licht van het bewustzijn. Deze mensen zijn intens bezig met hun innerlijke werk en houden zich waarschijnlijk amper bezig met de materiële wereld en diens schone schijn. Hun energie is erop gericht hun eigen innerlijke demonen te vinden en ze dan los te laten, zodat het zuivere licht van de geest onbelemmerd door hen heen kan schijnen. Dit is een klus van jaren, maar ben je eenmaal zover, dan kan niets de aandacht meer afleiden van jouw ware zelf. Dan wordt de zeemeeuw een albatros die onbelemmerd over de stormachtige zeeën vliegt zonder ergens te hoeven neerstrijken.

Je hebt vandaag de kaart van de zeemeeuw getrokken omdat het leven je wil laten zien welke richting je opgaat. Je leert een zeemeeuw of zelfs een albatros te worden, iemand die niet aan de aarde gekluisterd is. Je richt je energie liever op het opgraven van je angsten en oude negatieve overtuigingen uit je onbewuste, om je zo door het licht van je bewuste Zelf te laten genezen. Dit lijkt een schijnbaar eindeloos proces en als het je afmat, stop er dan even mee. Rust net als de zeemeeuw uit op de oneindige oceaan van je Zelf en bedenk dat je één bent met God. In ons enthousiasme om alle duistere uithoeken van de psyche te doorzoeken, vergeten we maar al te vaak dat we gewoon het Licht moeten aandoen. We zijn niet alleen, God bevindt zich in elk donker hoekje en in elk moment. Vergeet vooral niet je wonden te laten genezen door het Licht van God. Als je zonder dit Licht met je demonen worstelt, verkeer je nog steeds in de illusie dat je afgescheiden bent van God. Dan is het gevaar niet denkbeeldig dat je verdrinkt. Vraag het allesoverstralende bewustzijn van de zeemeeuw je weer op te heffen zodat je vrij kunt rondvliegen.

25 DE REIGER **25**

Affirmatie

'Ik wil van nu af aan samenwerken met het alles-overstralende bewustzijn van de reiger. Ik zet me in voor een reinigings- en zuiveringsproces. Ik vraag mijn geest ook met mij samen te werken zodat hij zich kan ontdoen van verstikkende energie.'

De reiger

Reigers zijn mooie, sierlijke vogels. Hun energie geeft ons de kans ons te ontdoen van ongewenste storingen in onze subtiele lichamen. Denk maar eens aan de koereiger. Het is zijn lust en zijn leven teken en andere insecten van de rug van vee en andere grote graseters te pikken. Reiger-energie is een ongelooflijk goede energie om uit te putten als we ongewenste gedragspatronen of oude energie die vastzit, willen verdrijven.

Waarschijnlijk ben je met reiger-energie bezig als je letterlijk werkzaam bent in de 'schoonmaak-wereld' of figuurlijk de geest van mensen zuivert. Je haalt de viezigheid weg om meer licht binnen te laten en God heeft je daarom lief. Viezigheid in welke vorm ook, of die zich nu op het materiële vlak of in de meer subtiele dimensies bevindt, verlaagt het trillingsgetal, waardoor het subtiele licht van God minder goed zichtbaar is. Reinigings- en zuiveringsrituelen zijn dus geen lege religieuze vormen, maar uiterst doelmatige manieren om het trillingsniveau van iemand of iets op een hoger peil te brengen zodat de geest zich beter kan openbaren.

Dat je vandaag de kaart van de reiger hebt getrokken is een oproep om je te reinigen. Het kan zijn dat je wordt voorbereid op een belangrijke bewustzijnsverschuiving of misschien heb je te veel oude energie in je systeem opgehoopt. Misschien moet je naar je dieet kijken, misschien heb je een ontgiftingskuur nodig.

Wat het ook in je leven is dat licht nodig heeft, reiger-energie is hierbij een fantastische steun. Vraag het alles-overstralende bewustzijn van de reiger met je samen te werken om de vensters van je ziel schoon te maken zodat iedereen het licht van je prachtige geest kan zien.

26 **DE EEND** **26**

Affirmatie

'Ik laat van nu af aan mijn vijandige houding jegens mezelf varen. Ik richt mij op het alles-overstralende bewustzijn van de eend om me te helpen me bewust te zijn van elke keer dat ik mezelf kleineer. Ik erken dat ik kostbaar ben en zet me ervoor in beter voor deze kostbare persoon te zorgen door middel van elke gedachte, elk woord en elke daad waarvoor ik verantwoor-delijk ben.'

De eend

We zijn niet erg aardig voor onszelf. We hebben allemaal in meerdere of mindere mate de pik op onszelf. We geven onszelf zelden een complimentje. Deze innerlijke strijd verscheurt ons voortdurend. Heb je ooit een troep eenden in een vijver of op een rivier zien rondzwemmen? Ze kibbelen en pikken fel naar elkaar. Eend-energie brengt ons in contact met onze kwaadwilligheid jegens onszelf en helpt ons deze om te zetten in iets vriendelijkers.

Je hebt vandaag in antwoord op een bepaalde vraag of als dagelijks ritueel de kaart van de eend getrokken om je opmerkzaam te maken op een aspect van jezelf dat je niet genoeg waardeert. Sta een ogenblik bij je leven stil. Als het het leven van iemand anders was waarnaar je stond te kijken, waar zou je hem of haar dan voor prijzen? Welke schitterende prestaties heeft hij of zij geleverd? Zou je hem of haar een schouderklopje geven en erkennen hoezeer hij of zij zich heeft ingespannen? Als je dat voor een ander kunt doen, doe het dan alsjeblieft nu ook meteen voor jezelf!

Als je je sterk aangetrokken voelt tot de eend, ben je iemand die het zichzelf heel moeilijk maakt. Je haalt jezelf elk moment naar beneden en vindt het heel moeilijk om complimentjes te krijgen. Je zet je wel in voor anderen, maar staat jezelf maar heel weinig speelruimte toe. De grootste uitdaging waarvoor je je in dit leven gesteld ziet, is dat je leert van jezelf te houden. Luister naar je inwendige dialoog en zie hoe slecht je jezelf behandelt. Roep vanaf dit moment elke keer dat je jezelf naar beneden haalt die gedachte een halt toe en vervang hem door een gedachte waarmee je jezelf prijst.

Het alles-overstralende bewustzijn van de eend weet alles af van de neiging die wij hebben om onszelf pijn te doen. In eend-energie heb je een uitstekende bondgenoot die je op je zelfdestructieve houding opmerkzaam maakt. Als je eenmaal door hebt hoe fout je met jezelf omgaat, kun je er iets aan doen. Je hebt een flinke dosis wilskracht nodig om die verkeerde gedachtepatronen en automatische reacties om te zetten in liefdevolle. Bedenk dat je ware ik niets meer of minder is dan God. Tot je jezelf kunt eren als deel van God, heeft God er de grootste moeite mee om tot je door te dringen. Als je liefdevol aan jezelf werkt, kan God zijn liefde voor jou duidelijker kenbaar maken en ga je gloeien als het stralende wezen dat je in werkelijkheid bent.

27 **DE PINGUÏN** **27**

Affirmatie

'Ik ben mooi. Er is aan mijn lichaam niets dat niet heilig is en door God wordt bemind. Ik vraag het alles-overstralende bewustzijn van de pinguïn me te helpen mezelf te zien met de ogen van God. Ik laat de vijandigheid jegens mijn lichaam varen en vraag het van nu af aan mijn liefde te ontvangen.'

De pinguïn

De pinguïn is een hele gekke, onhandige vogel op het land, maar als hij onder water aan het vissen is, is hij echt in zijn element en zo sierlijk als wat. Pinguïn-bewustzijn weerspiegelt de energie van de volmaakte ziel die gevangenzit in een onvolmaakt lichaam. Pinguïn-energie komt mensen te hulp die zich gevangen voelen in een lichaam dat niet goed functioneert of dat uit de toon valt in de tijd waarin ze leven.

Mensen die zich identificeren met de pinguïn voelen zich waarschijnlijk op de een of andere manier niet thuis in hun lichaam. Het kan zijn dat er echt sprake is van een lichamelijke afwijking of dat ze gewoon boos zijn dat hun lichaam niet volmaakt van vorm is. Ze hebben dat lichamelijke ongemak meestal op de een of andere manier gecompenseerd, ofwel door hun geest sterk te ontwikkelen ofwel door zich naar binnen te keren en daar de vrijheid van de niet gekluisterde geest te zoeken. De uitdaging waarvoor ze zich hier gesteld zien is dat ze zichzelf accepteren zoals ze zijn, inclusief dat onvolmaakte lichaam. Ze moeten de woede dat ze anders zijn laten varen en in plaats daarvan leren hun uniek-zijn lief te hebben. Zo leren ze gaandeweg wie ze werkelijk zijn.

Je hebt vandaag de kaart van de pinguïn gekozen omdat er een aspect van je lichaam is waar je een vreselijke hekel aan hebt. Sta er eens even bij stil hoe het voelt om verafschuwd te worden. Je lichaam heeft een bewustzijn, het reageert op de energieën die je erop richt. Alles in het heelal bloeit op en gedijt onder de invloed van liefde en verwelkt en sterft als het wordt blootgesteld aan te veel haat. Je lichaam vormt daarop geen uitzondering. Het bezwijkt onder een bombardement van kritiek en verwerping. Maak de pinguïn-energie tot je bondgenoot. Zij kan je helpen om te beseffen dat je mooi bent. Als je jezelf toestaat jezelf mooi te vinden zoals je bent, zie je de heilige vorm van de volmaakte god of godin door het heilige vat dat je lichaam is heen stralen. Dan heb je de heilige graal gevonden.

28 DE PLEVIER **28**

Affirmatie

'Ik vraag God me bij te staan als ik me omdraai om de confrontatie met mijn achtervolger aan te gaan. Ik weet dat ik dit gevecht kan winnen. Ik doe een beroep op het alles-overstralende bewustzijn van de plevier om me moed te geven. Ik ken mijn kracht en weet me gesteund. Ik kan dit aan.'

De plevier

28

Het karakteristieke kenmerk van de plevier is de intensiteit waarmee hij zijn nest en zijn eieren verdedigt. Door rond te rennen wendt hij elk potentieel gevaar af en leidt het bij zijn nest vandaan. Hij gaat daarbij soms zelfs zo ver dat hij net doet of hij gewond is – of hij een lamme poot of een gebroken vleugel heeft. Tot de rover te dichtbij komt. Dan vliegt hij snel weg. Wat hij ons op energetisch niveau te bieden heeft is dus het vermogen om een energie die een sterke bedreiging voor ons vormt te dwarsbomen, zelfs als we er ogenschijnlijk een stuk minder sterk uitzien dan de aanvaller en ons ook zo voelen.

Als je vandaag de kaart van de plevier hebt getrokken, zegt het leven tegen je dat je in de situatie waarin je verkeert wel eens als overwinnaar uit de bus zou kunnen komen. Je lijkt misschien kwetsbaar, maar daardoor zou je de dingen misschien wel eens op een slinkse manier naar je hand kunnen zetten. Laat je niet afschrikken door het feit dat je tegenstander sterker lijkt dan jij. Dit is een David-en-Goliath-situatie en reuzen kunnen verslagen worden. Als je hierbij het alles-overstralende bewustzijn van de plevier te hulp roept, zul je merken dat je dapper wordt. Heb vooral niet het gevoel dat je dit alleen moet doen. Doe een beroep op de aanwezigheid van God om je bij te staan en zie vol vertrouwen alle steun die je nodig hebt tegemoet. Deze kaart is een teken van je helpers en gidsen dat je op een innerlijk niveau op hun steun kunt rekenen en dat je de strijd met de vijand moet aangaan. Dat vereist de situatie.

Mensen die zich sterk aangetrokken voelen tot de plevier hebben het hierboven beschreven scenario meestal al eens meegemaakt. Ze weten al dat ze in een ogenschijnlijk onmogelijke situatie als overwinnaar uit de bus kunnen komen. Dat heeft hun groot respect voor zichzelf gegeven en hun zelfvertrouwen versterkt omdat ze weten dat ze een beroep kunnen doen op onzichtbare helpers. Zij zouden je kunnen vertellen dat als jij de Geest eert, de Geest jou eert. Als je jezelf hierbij de nodige eer bewijst en je waardigheid en zelfrespect terugvordert, eer je de Geest. Je bondgenoot is de plevier op wiens energie je een beroep kunt doen zodat je toegang krijgt tot je persoonlijke macht en zegeviert.

29 **DE GANS** **29**

Affirmatie
'Ik ben klaar. Ik dank het alles-overstralende bewustzijn van de gans voor zijn belofte dat ik nu voor mijn zware arbeid beloond word en ik hoor het applaus.'

De gans

Gans-energie materialiseert rijkdom. De verhalen van Sjaak en de bonen-staak en de gans met de gouden eieren houden impliciet die boodschap in. De gans materialiseert de rijkdom die je verdient door de strijd aan te gaan met je innerlijke reuzen. Is de reus eenmaal verslagen, dan kan de energie die tot dat moment achter slot en grendel zat en dus niet gebruikt kon wor-den in de wereld uitstromen. Dit brengt een overvloedige oogst voort in de vorm van materiële en spirituele rijkdom.

Als je je identificeert met de gans, heb je waarschijnlijk al iets van de rijke oogst gezien die door de energie van de gans vertegenwoordigd wordt. De hemel heeft je gezegend met zichtbare resultaten. Het verslaan van je eigen reus – het overwinnen van je angsten en het onder ogen zien van de hele waarheid van jezelf – heeft je innerlijk waarschijnlijk de nodige inspanning gekost, maar nu je je doel bereikt hebt, laat het leven die energie weer naar je terugstromen zonder dat jij daarvoor enige moeite hoeft te doen. Je vrien-den vinden je misschien een bofkont, maar jij weet wel beter. Misschien weten alleen jij en God hoeveel moeite het je werkelijk heeft gekost om die innerlijke vijand te verslaan, en je weet dat wat nu naar je toekomt het applaus is.

Dat je vandaag de kaart van de gans hebt getrokken duidt op het eind van een proces. Je hebt een overwinning behaald. Nu kun je eindelijk uitrusten. Door middel van deze kaart wordt je verteld dat je reus verslagen is en dat je nu een tijd van overvloedige zegeningen en vrede tegemoet kunt zien. Pro-ficiat!

30 DE AALSCHOLVER **30**

Affirmatie
'Ik vraag het alles-overstralende bewustzijn van de aalscholver nu bij me te zijn. Ik hoor dat ... hulp nodig heeft en vraag God hem of haar te helpen zich naar het licht te begeven.'   of
'Ik vraag het alles-overstralende bewustzijn van de aalscholver me te bevrijden van de angst die me in deze akelige situatie houdt. Het is tijd om los te laten en verder te gaan.'

De aalscholver

Ook al leven ze beide in dezelfde omgeving, aalscholvers hebben een andere energie dan meeuwen. Het geschenk van de aalscholver is dat hij de geest helpt zich na de dood van het lichaam los te maken en hem naar zijn bestemming leidt. Hij doet dit niet in zijn lichamelijke vorm, maar in zijn geesteslichaam. Je kunt een beroep doen op zijn energie om iemand te helpen die er moeite mee heeft zich na de dood los te maken van het materiële vlak, of iemand naar een hoger trillingsniveau te brengen als hij of zij vastzit op een plek waar hij of zij het niet prettig vindt.

Het kan heel goed zijn dat mensen die een speciale band met aalscholver-energie hebben dit soort 'reddingswerk', soms zelfs zonder het te weten, zelf doen. Velen van ons zijn 's nachts actief in de spirituele gebieden en helpen engelenwezens zielen die gevangenzitten te bevrijden.

Als je vandaag de kaart van de aalscholver hebt gekozen, is er misschien iemand die jou vraagt hem of haar bij te staan. Je weet waarschijnlijk wel wie dat is, maar zo niet, ga dan een poosje rustig zitten om te zien of het je te binnen schiet. Vraag het alles-overstralende bewustzijn van de aalscholver licht rond de persoon in kwestie te laten schijnen. Vraag dan aan God hem of haar de juiste helper te sturen om hem of haar naar de plek te brengen waar hij of zij vrede vindt. Als dat gebeurt, voel je waarschijnlijk een verschuiving in de energie. Vergeet niet daarna alle energieën die je hebben bijgestaan te bedanken. Je hoeft je eigen energie hier niet bij te betrekken. Vraag gewoon om de beste hulp.

Aalscholver-energie is soms ook de beste energie voor iemand die emotioneel vastzit. Ze kan de steun geven die iemand nodig heeft om het leven weer te laten stromen. Het is net of de persoon in kwestie moet zien dat het oude leven waaraan hij of zij zich vastklampt in feite voorbij is en dat hij of zij het los moet laten. Aalscholver-energie helpt mensen dit in te zien zodat ze niet langer uitgeblust zijn, maar weer tot leven komen.

Je hebt misschien vandaag de kaart van de aalscholver getrokken omdat je zelf vastzit en hulp nodig hebt. We worden er altijd door angst van weerhouden verder te gaan. Identificeer je angst – kijk hem recht in de ogen – en vraag dan het alles-overstralende bewustzijn van de aalscholver je hoog genoeg boven de kerker, waarin je jezelf gevangen houdt, uit te tillen om het eindeloze vergezicht van de zee, de lucht en de prachtige aarde waar je mag spelen te zien.

31   DE KRAANVOGEL   **31**

Affirmatie

'Ik vraag het alles-overstralende bewustzijn van de kraanvogel in deze verdeeldheid in te grijpen en haar tot een liefdevolle oplossing te brengen. Ik
vraag tevens of mijn eigen hart gezuiverd mag worden van de subtiele vooroordelen waardoor ik me nog steeds afgescheiden voel van anderen. Ik
omhels ...'

De kraanvogel

De kraanvogel brengt krachtige zegen als drager van de energie waarmee je onredelijke vooroordelen kunt omzetten in verdraagzaamheid en begrip. Het is geen toeval dat hij het symbool is van Zuid-Afrika. De alles-overstralende tegenwoordigheid van de kraanvogel heeft de situatie daar gaandeweg doordrenkt met zijn helende invloed met verbazingwekkende resultaten.

Je hebt vandaag de kaart van de kraanvogel getrokken omdat het leven voor jou iets wil helen. Je leven is op een bepaald terrein uit balans omdat je daar voortdurend liefdevolle energie naartoe moet sturen. Vooroordelen willen zeggen dat we dingen of personen onze liefdevolle goedkeuring onthouden. Elk vooroordeel, hoe subtiel ook, houdt ons in een toestand van afgescheidenheid. We kunnen de mystieke vereniging met het goddelijke niet ervaren als we iets onze liefde onthouden. Liefde vraagt dat we bereid zijn iets te omhelzen en niet dat we ons inhouden en afwijzen. Het kan zijn dat je het vooroordeel dat deze kaart onder je aandacht brengt kent, maar het kan ook zijn dat je eens rustig moet bedenken wat je moeilijk kunt accepteren.

Staat je vooroordeel je eenmaal helder voor ogen, vraag dan de alles-overstralende energie van de kraanvogel te hulp om een innerlijke verschuiving teweeg te brengen, van oordeel en polarisatie naar liefdevol mededogen. Je hoeft het ergens niet mee eens te zijn om er toch verdraagzaam tegenover te staan. Je omarmt het gewoon als onderdeel van de prachtige complexiteit van het leven dat het goddelijke op ontelbare manieren weerspiegelt.

Als je de kraanvogel beschouwt als jouw symbool, is het jouw taak bij uitstek de wonden die door vooroordeel geslagen zijn te helen. Je ziet hoe dit zich in je leven manifesteert, misschien door het werk dat je doet of door de situatie waarin je verkeert en waarin er een beroep op je wordt gedaan om tussen strijdende partijen te bemiddelen. Mensen met kraanvogel-energie zijn keien in het oplossen van spanningen die hoog zijn opgelopen.

Het alles-overstralende bewustzijn van de kraanvogel is nu in de wereld actief omdat het belangrijk is dat de barrières van haat en onverdraagzaamheid tussen partijen geslecht worden. Dit is echt een geschenk dat we de aarde kunnen aanbieden. Door dit bewustzijn te vragen ons te helpen bij situaties, groot of klein, waarin sprake is van verdeeldheid, bewegen we langzaam van het vasthouden aan onze verschillen naar het weten van onze verbondenheid. Vandaaruit komen we tot het gevoel dat de liefde ons allen samenbindt.

32 DE KOLIBRIE **32**

Affirmatie

'Ik aanvaard vol vreugde dat er een nieuwe tijd voor me aanbreekt. Ik dank het alles-overstralende bewustzijn van de kolibrie dat het me laat zien wat er is. Ik weet dat ik mijn oude beperkingen voorbij ben en dat het geluk me toelacht.'

De kolibrie

32

Kolibries en honingzuigers zijn de dragers van een soortgelijke energie. Ze brengen de vreugde tot uitdrukking die bij het leven hoort en herinneren ons eraan dat we moeten genieten van het feest dat het leven is. Kolibries hebben echter een ander overstralend bewustzijn dan honingzuigers en geven ons daarom een enigszins andere energie.

Kolibrie-energie is met name de drager van de trilling van het vrij zijn van pijn, verdriet en lijden. Als je vandaag de kaart van de kolibrie hebt getrokken, ga je op zo'n manier met je leven om dat je je ontdoet van de zware ketenen van het verleden en probeert op te stijgen naar het licht van de vreugde. Het is een boodschap aan jou dat je daarin slaagt. Uiteindelijk breekt het licht helemaal door en zal het geluksgevoel zo overweldigend zijn dat pijn, verdriet en lijden voor jou niet langer bestaan. Je komt er wel – geef de moed niet op. Kolibrie-energie voert je als je hem nu in je leven uitnodigt en hem vraagt je op je tocht te vergezellen, steeds verder langs het pad naar de vrijheid. Er is geen twijfel aan, deze reis leidt ergens naartoe en alle goede dingen die je doet, halen je langzaam uit het moeras van de illusie en voeren je omhoog naar het licht van de waarheid.

Als de kolibrie je sterk aanspreekt, gebruik je in je eigen leven zijn macht om je uit de pijn, het verdriet en het lijden op te tillen en staat het vrijwel vast dat je anderen daar ook bij helpt. Je begrijpt als vanzelf hoe je dit moet doen. Je bent omgeven door een warme gloed die mensen louter en alleen door in je buurt te zijn herinnert aan vreugdevolle dingen.

Het snorren van de vleugels van de kolibrie is het OM van het bestaan. Er zit in die vibratie vreugde, vrede en liefde. Je hebt vandaag deze kaart getrokken ten teken dat je lijden ten einde loopt en dat je echt mag verwachten dat je dagen gevuld gaan worden met magie en wonderen.

33 DE HONINGZUIGER **33**

Affirmatie
'Ik vraag het alles-overstralende bewustzijn van de honingzuiger vandaag mijn dag te verlichten. Ik weet dat ik gezegend ben en dat ik mag genieten van overvloed en kameraadschap. Ik erken dat ik mijn bijdrage aan deze wereld geleverd heb en laat de geschenken die het leven me nu geeft op mijn beurt toe. Ik kies er nu voor te genieten.'

De honingzuiger

Honingzuigers – in het Engels heten ze sunbirds, zonnevogels – zijn net prachtige, glanzende edelstenen die ons helemaal blij maken met de schoonheid en het wonder van de wereld van de natuur om ons heen. Deze schitterende kleine vogels zijn de dragers van de kostbare energie van de overvloed. Ze vertellen ons over de rijkdom van ons leven en herinneren ons eraan dat er een overvloedige natuur is die ons met de prachtige dingen die ze ons biedt, steunt en voedt. Honingzuigers vliegen paarsgewijs en herinneren ons ook aan de vreugde van het samen door het leven gaan. Een honingzuiger in je tuin is als een kostbare edelsteen die je door God is gezonden om je eraan te herinneren dat je volop mag genieten van de overvloed van het heelal.

Als je van nature een honingzuiger bent, ontlok je het leven een vreugdevolle reactie. Relaties zijn belangrijk voor je en je trekt allerlei mensen aan die graag bevriend met je zouden zijn. Je bent echter heel kieskeurig en laat niet iedereen in je buurt toe. Je geeft de voorkeur aan een of twee speciale vrienden. Als dat moet, kun je je echter ook heel goed in groepsverband bewegen vanwege je verrukkelijke gevoel voor humor. Als je een honingzuiger bent, ben je gezegend met de vreugde van een huwelijk waarin je echt gelijkwaardige partners bent. God lacht honingzuigers toe en dit is een van de geschenken die je mag koesteren. Het andere levensgeschenk dat deze kostbare mensen is toebedacht is het vermogen om materiële rijkdom aan te trekken. Ze kunnen rekenen op de materiële steun van het heelal, dit is omdat ze het leven er zo veel voor teruggeven. Hun aanwezigheid op aarde brengt heel veel vreugde en rijkdom in het leven van heel veel mensen. Honingzuiger-mensen weten diep in hun hart dat hun levenspartner op het juiste moment in hun leven komt. Hoeveel geweldige mensen ook met hen zouden willen trouwen, ze zijn gezegend met een innerlijke afstemming die alleen reageert op die ene die hun verlangen naar een zielspartner vervult.

Als je de kaart van de honingzuiger hebt gekozen, dan is dit een dag die een beloning voor je in petto heeft. Weet dat het leven je zoete zegeningen belooft. Jij hebt aan het leven gegeven en nu komt de rijke oogst. God kijkt glimlachend op je neer en stuurt je zijn gaven. Het zal je niet ontbreken aan zielsvriendschappen en materieel voordeel. Het leven bedankt je. Je bent een kostbare aanwinst voor deze wereld en je bijdragen zijn niet onopgemerkt gebleven. Nu kun je plezier maken en genieten van de nectar van het leven.

34 DE GIER **34**

Affirmatie

'Ik vraag het alles-overstralende bewustzijn van de gier te hulp om me dit beschamende aspect van mijn leven, waarmee ik nu wordt geconfronteerd, te vergeven. Help me desondanks mijn waarde als mens te erkennen. Ik weet dat ik bemind ben en dat God me niet veroordeelt zoals ik mezelf veroordeel. Ik weet dat ik een goddelijk wezen ben dat ervaring opdoet als mens. Ik weet dat ik altijd heel ben en dat deze schaamte een illusie is. Ik weet dat ik door haar te erkennen en te vergeven mijn volmaakte Zelf dichter nader.'

De gier

Gieren kunnen viezigheid omzetten in levensreddend voedsel voor zichzelf. Achter hun groteske uiterlijk en bloedstollende bezigheden gaat een kostbaar geschenk schuil. Het geschenk van de gier is zowel op het materiële vlak als wat het alles-overstralende bewustzijn aangaat, het vermogen om iets dat aan het rotten is tot zich te nemen, het te verteren en het zo weer constructief in de levenscyclus terug te brengen.

Het is vrij onwaarschijnlijk dat je je tot de gier aangetrokken voelt als jouw speciale vogel. Ben je dat wel, of duikt de gier op de een of andere manier onverwachts in je leven op, dan is er een duistere, beschamende kant van je die je aan het licht probeert te brengen om die zodoende te kunnen reinigen en te vergeven. Net zoals we de gier moeten waarderen voor het geschenk dat hij brengt, vraagt die schaduwkant erom dat je hem nauwkeurig onder de loep neemt. Zie hem onder ogen en kijk ook heel goed naar de afstotelijke aspecten, maar vraag je dan eveneens af hoe die schaduwkant je tot nu toe van dienst is geweest. Heb je het geschenk dat hij brengt eenmaal doorzien, dan valt het je minder moeilijk om dat deel van jezelf waarvan je liever had gewild dat het niet aan de oppervlakte was gekomen, te vergeven en te zegenen.

Als je dus vandaag de kaart van de gier hebt getrokken, dan biedt het leven je het geschenk aan van het alles-overstralende bewustzijn van de gier om je te helpen een deel van je aard onder ogen te zien dat je heel moeilijk kunt accepteren. We hebben allemaal onze schaduwkant. Zolang die verborgen blijft en we er niet naar kijken, heeft ze een enorme invloed op ons en maakt dat we dingen doen die we in onszelf haten. Zodra we toegeven dat we die aspecten waarmee we niet in het reine komen, hebben en ze bewust onder ogen zien, wordt hun macht constructief in plaats van destructief. Daarbij kan gier-energie je heel diepgaand bijstaan. Ze weet precies hoe je destructieve schaduwenergie moet omzetten in constructieve liefdesenergie.

De kaart geeft aan dat je een beroep doet op die energie om zo door dit moeilijke proces – namelijk het onder ogen zien van alle heimelijke dingen waarvoor je je schaamt – heen te gaan om uiteindelijk uit te komen op een plek waar je weet dat je, ondanks alles wat je verkeerd hebt gedaan, een beminnelijk, mooi, heel en volkomen volwaardig mens bent.

35 DE FAZANT **35**

Affirmatie
'Ik ben één met mijn ware Zelf. Ik loof vol vreugde mijn ware aard, te weten God. Ik zie mijn eigenschappen en verheug me erin. Ik ben een vorstelijk mooi wezen.'

De fazant

Fazanten behoren in het vogelrijk tot de koninklijke familie. Koninklijk bloed geeft macht en gezag en dat straalt de energie van de fazant uit. Hij brengt dit echter niet op een bombastische manier tot uiting. Met het soort macht en gezag dat het alles-overstralende bewustzijn van de fazant tot uitdrukking brengt kun je een verschuiving teweegbrengen in het bewustzijn, misschien zelfs wel van de ene dimensie naar de andere.

Je hebt vandaag de kaart van de fazant getrokken omdat de fazant-energie je opdraagt er aandacht aan te besteden dat je bezig bent op te stijgen naar een hoger niveau. Je verbindt je nu met je eigen macht en gezag. De schaduwkant van je aard is beteugeld, ze staat je niet langer in de weg zodat je je nu volledig met je eigen krachtbron kunt verbinden. Je maakt nu zegevierend gebruik van de gouden schaduw, die prachtige aspecten van het zelf die je tot nu toe geen erkenning hebt gegeven of ten volle hebt benut. Kijk naar de gloedvolle schoonheid van de vorstelijke fazant en weet dat zich in dat prachtige verenkleed weerspiegelt wie je werkelijk bent. Dit zijn je ware kleuren. Hoe zou je niet kunnen houden van iets wat zo ongelooflijk mooi is?

Als de fazant een steeds terugkerend symbool in je leven is, heeft zijn allesoverstralende bewustzijn je geholpen je te verbinden met je eigen krachtbron en je naar een hoger niveau gevoerd. Je kunt hem actief bij je proces betrekken en bewust met hem samenwerken om boven de obstakels op je pad uit te stijgen. Als je bewustzijn radicaal naar hogere niveaus van waarneming en wijsheid verschuift, treden er krachtige initiaties op. Fazantbewustzijn bezit de noodzakelijke, bijzondere, dynamische energie waardoor je tot een nieuwe vorm van bewustzijn kunt doordringen.

Er zijn geweldige krachten door je heen werkzaam geweest, maar nu ben je op een plek van evenwicht gekomen, waar je een ogenblik kunt stoppen en de balans kunt opmaken. Kijk naar jezelf als in een spiegel. Voel de adeldom van je wezen. Voel het spirituele gezag dat je kunt uitoefenen. Weet dat je ziel een schitterend kleurengamma van gouden en iriserende kleuren uitstraalt. Zie de liefde uit je hart stromen. En houd van degene die je dan ziet, want wat je ziet is je Zelf, dat wil zeggen God.

36 DE KALKOEN 36

Affirmatie

'Ik bedank alle prachtige wezens en mensen die me hebben geholpen dit te bereiken. Ik verheug me erover dat ik iets bereikt heb. Ik houd van mezelf omdat ik naar mijn droom geluisterd heb. Ik laat mijn hart door het alles-overstralende bewustzijn van de kalkoen doordrenken met dankbaarheid dat het leven me deze gunst, deze genade verleent.'

De kalkoen

Kalkoen-energie helpt ons onze dankbaarheid te uiten. Kalkoenen zien er belachelijk uit, maar ze zijn de dragers van een sterke hart-energie van liefde en welwillendheid. Het alles-overstralende bewustzijn van de kalkoen is eigenlijk een groots wezen dat zijn onderdanen in een geest van gulhartige dienstbaarheid offert aan de mensheid. De dood is in het vogelrijk geen punt. De geest van de kalkoen drukt zich steeds opnieuw uit in de vorm, maar kan net zo goed zonder vorm. De dood is het probleem niet. Het gaat erom of de geest van de kalkoen hierbij al dan niet geëerd wordt. Als je eraan denkt om de geest van de kalkoen die je op het punt staat op te eten te bedanken, word je niet alleen door zijn lichaam, maar ook door zijn liefdevolle hart gevoed.

Als je vandaag de kaart van de kalkoen hebt gekozen, is de boodschap die je wordt aangereikt dat dankzeggen in je leven centraal moet staan. Je hebt net iets bereikt – letterlijk of figuurlijk – en moet nu een ogenblik stilstaan bij alle hulp die je hebt ondervonden en die je gebracht heeft waar je nu bent. Je hebt zo veel steun en leiding gekregen. Er zijn zo veel prachtige wezens en mensen die je oprechte, diepgevoelde dankbaarheid verdienen. Je hebt van hen allen zo veel liefde ondervonden.

En bedank dan ook je eigen prachtige Zelf. Zwaai jezelf lof toe voor je volhardendheid en je inzet voor je eigen waarheid. Denk aan de vele gevechten die je hebt moeten leveren om zover te komen. Je hebt om het lied van je hart te kunnen volgen heel veel vertrouwen nodig. Bedank jezelf voor het feit dat je genoeg vertrouwen in het leven hebt gehad om naar je innerlijke weten te luisteren en ernaar te handelen. Het heeft je stapje voor stapje hier gebracht.

Mensen voor wie de kalkoen een bijzondere betekenis heeft, stellen hun leven in dienst van de grotere zaak. Hun vreugde ligt daarin dat ze weten dat ze, ook al worden ze individueel niet erkend, deel uitmaken van een gemeenschap die in de wereld wel wordt gehoord.

Geniet van de voldoening die het geeft dat je iets bereikt hebt. Er komt nooit een eind aan de mogelijkheden voor groei en onderzoek, dus je blijft hier niet voorgoed. Maar je mag je nu even koesteren in het gevoel dat je zover bent gekomen!

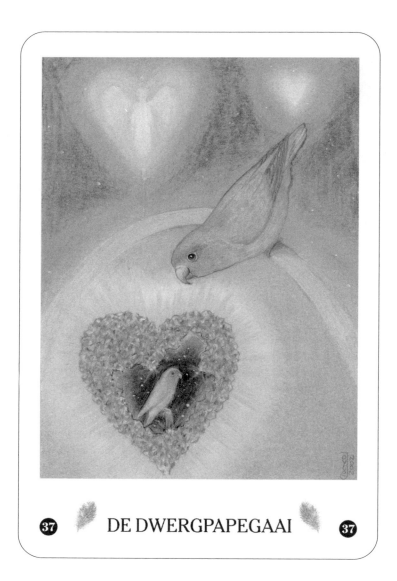

37 DE DWERGPAPEGAAI **37**

Affirmatie

'Ik roep het alles-overstralende bewustzijn van de dwergpapegaai te hulp
om mijn hart open te maken. Laat me zien wat het meest liefdevolle is wat
ik nu kan doen. Wees bij me als ik de ware Liefde binnenga. Ik eer en
respecteer degene die ik liefheb.'

De dwergpapegaai

Dwergpapegaai-energie heeft een geweldige uitwerking op het hart-chakra. Ze maakt het hart zacht en open zodat er meer liefdevolle energie doorheen kan stromen. Het alles-overstralende bewustzijn van de dwergpapegaai brengt op aarde de door goddelijk gezag bekrachtigde missie van de aartsengel Michaël tot uitdrukking, die daarin bestaat dat hij het krachtveld van de liefde vasthoudt zodat elk schepsel en elk element op aarde, dwars door de dichtheid en zwaarte van het materiële bestaan heen kan opstijgen naar het licht van de Geest. Dwergpapegaaien maken deel uit van de matrix van het leven die dit krachtveld voor ons op zijn plaats houdt.

Je hebt vandaag de kaart van de dwergpapegaai getrokken omdat je een initiatie van het hart ondergaat. Je stoot door naar een nieuwe, krachtiger uiting van liefde. Als je hart zich opent, weet je dat je met alle bestaansniveaus in het heelal verbonden bent. Dan voel je je nooit meer alleen. Uiteindelijk zul je een totale ervaring van volkomen eenheid met God beleven. Dit is een grote stap in die richting.

Als de dwergpapegaai altijd al je favoriete vogel was, is God duidelijk in je leven aanwezig. Je laat al een krachtige stroom van liefde door je hart heen gaan. Veel mensen hebben daar baat bij. Dat is de reden dat je zelf ook heel geliefd bent.

De energie van de dwergpapegaai is een uiting van de prachtige onvoorwaardelijke liefde die tussen soulmates kan bestaan. De aantrekkingskracht tussen soulmates is ongelooflijk sterk en kan veel ogenschijnlijk culturele of door de mens opgeworpen barrières, zoals leeftijd, religie, ras of sekse, overwinnen. De ziel wil de twee delen waaruit ze bestaat samenvoegen en de twee mensen die daarbij betrokken zijn voelen een geweldig verlangen om in elkaar op te gaan en één te worden. Een deel van de uitdaging waarvoor een soulmate-relatie je stelt is dat je zo onvoorwaardelijk van degene die je liefhebt houdt, dat je alleen wilt wat voor hem of haar het beste is – en soms past een lichamelijke verbintenis daar niet bij. Het grootste geschenk dat we een ander ooit kunnen geven is dat we hem of haar zo onvoorwaardelijk liefhebben, dat we het onderscheid kunnen maken: mogen we de geliefde echt voor onszelf opeisen of is het beter hem of haar los te laten en stilletjes te verdwijnen?

38 DE FENIKS **38**

Affirmatie

'Ik vraag het alles-overstralende bewustzijn van de feniks me bij te staan zodat ik kan uitstijgen boven de vernietiging van structuren die me vroeger tot steun waren. Help me de grotere vrijheid te herkennen in de richting waarin ik me beweeg. Ik stap vreugdevol mijn nieuwe leven binnen in de wetenschap dat ik geen spijt heb over wat ik achter me laat.'

De feniks

38

Met de mythische vogel feniks wordt een schitterend bewustzijn geassocieerd. Ook al bestaat hij hier niet in het echt, hij heeft wel degelijk een vorm in de meer subtiele dimensies, waar zijn bijzondere energie meer op zijn plaats is.

Je hebt vandaag de kaart van de feniks getrokken omdat je de energie van dit schitterende wezen nodig hebt om een ramp het hoofd te bieden en die om te zetten in een persoonlijke overwinning. Er gebeurt iets waardoor het net lijkt of de jouw bekende structuren bezwijken. Dit is het moment waarop je een beroep moet doen op de schatten die je verzameld hebt en de ramp die op de loer ligt zodanig ten goede moet keren, dat je boven de narigheid uit kunt stijgen. Feniks-energie kan je daarbij helpen. De feniks stijgt in een glorieuze vlucht op uit de as van de vernietiging. Dat kun jij ook.

Als je de feniks als lievelingsvogel hebt, dan is dat een heel sterk symbool. Dit houdt in dat je veel ervaring hebt in het ontworstelen aan de puinhopen van oude structuren. Je weet diep in je hart dat je elke schijnbare beperking kunt overstijgen. Daarom wil je niet al te gehecht raken aan de vorm der dingen.

Aanvaard dat er iets op het punt staat van vorm te veranderen. Daar heeft de feniks-kaart je vandaag opmerkzaam op gemaakt. Herinner je dat je ziel nooit vernietigd kan worden. Vernietiging is niets anders dan een illusie – de fysieke vorm van de dingen verandert weliswaar, maar de geest achter alles is eeuwig. Jij bent eeuwig, je verandert van vorm, maar de jij die je wezenlijk bent kan niet veranderen. Wat vraagt erom afgebroken te worden zodat de geest zich kan bevrijden? Als de geest achter de vorm zich boven de huidige beperkingen moet verheffen, schept hij een situatie waarin de vorm bezwijkt en de geest opnieuw zegevierend uit de puinhopen van het oude kan opstijgen om een nieuw leven te beginnen. Het nieuwe leven beweegt zich altijd dichter naar God toe, er is altijd sprake van grotere vrijheid en meer vreugde als de ziel verdergaat. Wees nooit bang voor verandering, het is de ziel die vraagt om een nieuwe vorm waardoor hij zich kan uiten en hij stuwt je altijd verder in de richting van de liefde.

39 DE KOEKOEK **39**

Affirmatie

'Ik bedank het alles-overstralende bewustzijn van de koekoek dat het me het begin van een nieuwe cyclus heeft aangekondigd. Ik verwelkom mijn toekomst met een opgewonden, verwachtingsvol gevoel.'

De koekoek

De koekoek roept ons weer tot leven. Zijn fraaie wekroep weerklinkt in de lente door de Alpen en ook in andere delen van de wereld wordt zijn stem gehoord.

Als je vandaag de kaart van de koekoek hebt getrokken, weet dan dat er een nieuw leven voor je gaat beginnen. De lente zit in de lucht – laat je hart zich verblijden door het gevoel dat je een heerlijke zomer te wachten staat en loop dansend door het leven. Het is tijd om aan een nieuwe cyclus te beginnen. Laat het oude achter je, je beweegt je nu in de richting van vreugde.

Als de koekoek je favoriete symbool is, ben je iemand die zich bewust is van de vele zegeningen die je in het leven ten deel vallen. Je gaat ervan uit dat er goede dingen op je weg komen en houdt een frisse kijk op het leven door de dingen steeds op een andere manier te doen. Je blijft niet lang in oude patronen vastzitten. Daarvoor is de drang om grote schoonmaak te houden te sterk!

Je hebt vandaag misschien deze kaart getrokken omdat je de hulp van het alles-overstralende bewustzijn van de koekoek nodig hebt om je uit de sleur te halen en je een nieuwe stoot creatieve energie te geven. Heb je dat gevoel, dan helpt het vaak geweldig als je je huis grondig opruimt. Gooi alle overbodige rommel weg en maak je omgeving schoon. Schoon de boel ook emotioneel op: zet alle vijandigheid en opgekropte woede overboord door de meedogende energie van de koekoek door je hart te laten gaan. Daarbij komt energie die vastzat vrij, energie die je in je leven op een creatieve manier kunt gebruiken.

De koekoek roept ons op tot een nieuw begin. Betreed je toekomst met duidelijke bedoelingen en een verwachtingsvol gevoel.

DE ZANGER

40 **40**

Affirmatie

'Ik vraag het alles-overstralende bewustzijn van de zanger me bij te staan in mijn huidige situatie. Ik vraag God of Hij me wil laten zien wat ik moet doen om mijn keel vrij te maken en mijn waarheid onbelemmerd te laten uitstromen.'

De zanger

De zanger zingt zijn vreugdevolle lied vol overgave zonder enige reserve. Het kristalheldere lied welt uit zijn keeltje op in een heerlijke stroom van expressieve trilling. De zanger geeft het geschenk van een helende energie waarvan je gebruik kunt maken als je het moeilijk vindt om je uit te drukken. Mensen die het moeilijk vinden hun ideeën over te brengen of die last hebben van een geblokkeerd keel-chakra, kunnen met goed resultaat gebruik maken van de energie van de zanger.

Je hebt vandaag de kaart van de zanger getrokken omdat je hulp nodig hebt op het terrein van zelfexpressie. Misschien verkeer je in een situatie waarin je ermee worstelt je eigen waarheid te verkondigen en gehoord te worden. Veel mensen vinden spreken in het openbaar een regelrechte verschrikking. Misschien sta jij voor iets dergelijks in de nabije toekomst en heb je hulp nodig om de angst in je keel-chakra op te heffen. Misschien ben je iemand die in een vervelende situatie nooit voor zichzelf opkomt. Wat ook je individuele probleem is, je kunt het alles-overstralende bewustzijn van de zanger te hulp roepen om je door je angst heen te loodsen en de verkramping in je keel-chakra uit de weg te ruimen.

Als je daarentegen iemand bent die er geen enkel probleem mee heeft om de zanger als zijn of haar speciale symbool te kiezen, is jezelf uitdrukken juist een van je sterke punten. Je hebt je de kunst eigen gemaakt om de aandacht van het publiek gevangen te houden als je in het openbaar spreekt en je hebt er geen enkele moeite mee je rechten op te eisen, zo nodig met luider stem. Je stem is een prachtig instrument dat je ten bate van jezelf kunt aanwenden. De energie van de zanger is in je leven werkzaam zonder dat daarbij enige weerstand komt kijken.

Het keel-chakra, het gebied waarmee je jouw waarheid tot uitdrukking brengt, moet gaandeweg op één lijn gebracht worden met het hart-chakra, zodat je jouw waarheid met liefde kunt uitspreken zonder arrogantie of minachting voor de mensen tegen wie je iets zegt. Is dit eenmaal tot stand gekomen, dan kunnen het keel- en het hart-chakra op één lijn worden gebracht met het kruin-chakra, zodat als je het woord neemt, je de waarheid van je eigen Zelf, dat één is met God, tot uitdrukking brengt. De zanger giet liefde uit, zuivere Geest, en je kunt een beroep doen op zijn alles-overstralende bewustzijn om je hart-, keel- en kruin-chakra volkomen op één lijn te brengen met God.

DE SCHARRELAAR

41   41

Affirmatie

'Ik vraag het alles-overstralende bewustzijn van de scharrelaar me eraan te herinneren wie ik werkelijk BEN.'

De scharrelaar

Scharrelaars – in het Engels worden ze rollers genoemd – zijn op aarde de materiële uiting van een alles-overstralend bewustzijn dat op de hoogste spirituele dimensies is afgestemd. Het zijn schitterende vogels, waarvan de verschillende soorten in hun verenkleed prachtige lila, turquoise, groene en blauwe tinten in allerlei combinaties vertonen. Deze kleuren met hun hoge frequentie zijn een weerklank van heel subtiele bewustzijnsniveaus.

Het geschenk van het scharrelaar-bewustzijn is dat het je terugvoert naar het bewust erkennen van de simpele waarheid van het bestaan: God en wij zijn één, altijd. We verkeren in de illusie dat we van God gescheiden zijn en langzaam naar Hem terugkeren. De waarheid is dat we altijd bij God geweest zijn. God is in elke ademtocht, in elk stukje voedsel dat we eten en in elk atoom en elk molecuul van iedere cel van ons lichaam. We kunnen niet van God gescheiden worden, we zijn God, in ons lichaam en onze ziel. Het spel van het leven is dat we ons dit herinneren. We worstelen, we bidden, we huilen om wat we fout hebben gedaan en denken dat God onmogelijk van ons kan houden. Dat voelt heel werkelijk aan en is heel pijnlijk als we er middenin zitten. Maar er komt een moment waarop er een innerlijke verschuiving optreedt en het ons ineens duidelijk wordt dat we eens een andere waarheid hebben gekend.

Het is het geschenk van het alles-overstralende bewustzijn van de scharrelaar dat het ons daaraan herinnert. Die innerlijke verschuiving heeft haar eigen timing en komt vaak wanneer we haar het minst verwachten. Als je vandaag deze kaart hebt getrokken, kondigt het leven je aan dat jij en God op het punt staan opnieuw kennis met elkaar te maken.

Als scharrelaars altijd al je lievelingsvogels zijn geweest, dan weet je al wie je bent. Je bent als een baken in de duisternis voor degenen die de weg kwijt zijn. Zonder dat je een woord hoeft te zeggen, ontsteekt het feit dat jij je dit herinnert een licht in hun ziel, dat hen op het moment dat zij zover zijn, naar de waarheid van hun een-zijn met God brengt.

42 **DE WIELEWAAL** **42**

Affirmatie
'Ik vraag het alles-overstralende bewustzijn van de wielewaal in deze moeilijke tijden mijn metgezel te zijn en me de innerlijke kracht en de moed te geven om verder te gaan. Ik weet dat ik mijn innerlijke hulpbronnen kan aanspreken om te doen wat ik moet doen en dat God mij op deze reis vergezelt.'

De wielewaal

De wielewaal is een zorgeloze zanger met overheersend veel geel in zijn verenkleed. Dit is een aanwijzing voor de energie die het bewustzijn van deze vogel ons ter beschikking stelt. Net als de gele kanarie beurt de gele wielewaal ons op – het is een uitbarsting van zonneschijn en een blij geluid, dat ons uit onze neerslachtigheid haalt en weer in harmonie brengt met het leven.

Als je vandaag de kaart van de wielewaal hebt getrokken, ben je ergens diep vanbinnen dodelijk vermoeid. Je hebt te lang een zware last gedragen en je ziel verlangt naar rust. Wielewaal-energie is precies wat je nodig hebt om over het gevoel dat je geen stap meer kunt verzetten, heen te komen. Gebruik die energie heel bewust. Vraag het alles-overstralende bewustzijn van de wielewaal je bij te staan, je energie te geven als je slaapt en de komende tijd bij je in de buurt te blijven. Het is een heerlijke kameraad die je de energie geeft voor die laatste loodjes die zo zwaar wegen.

Als de wielewaal altijd al je favoriete vogel was, dan ben je zelf ook een verkwikking voor de mensen om je heen. Wees je ervan bewust dat je met je aanwezigheid iemand die zich down voelt geweldig kunt opfleuren. Je hoeft er alleen maar te zijn en dat nog niet eens in levenden lijve – de telefoon is ook een probaat middel voor het overbrengen van energie tussen mensen. Onderschat vooral niet hoe goed het iemand kan doen dat jij precies op het juiste moment dat energiecontact tot stand brengt.

We hebben allemaal de zon nodig. Geel is zonne-energie en een kleur die je met veel succes kunt aanwenden om neerslachtigheid te genezen. Adem hem in en stel je voor dat je lichaam zich langzaam met die gele kleur vult en ervan doordrenkt wordt. Houd die kleur in je lichaam vast tot je voor je gevoel weer in evenwicht bent. Vraag dan het alles-overstralende bewustzijn van de wielewaal je bij te staan bij het voortzetten van je reis.

43 DE WEVERVOGEL **43**

Affirmatie
'Ik vraag het alles-overstralende bewustzijn van de wevervogel mijn metgezel te zijn bij het zoeken naar mijn ware thuis.'

De wevervogel

De energie van de wevervogel geeft vorm aan de aandrang die we allemaal hebben om voor onszelf een thuis te creëren. Het alles-overstralende bewustzijn van de wevervogel kan echt praktische steun bieden als je hem te hulp roept om voor jezelf een thuis te maken.

Je hebt vandaag de kaart van de wevervogel getrokken omdat je thuis, wat dat verder voor jou individueel ook mag betekenen, om je aandacht vraagt. Weet je waar je 'thuis' is? Is het een tastbare woning of is het een rustplaats voor je ziel? Het kan beide zijn: voor veel mensen is de innerlijke rustplaats gemakkelijker toegankelijk als ze hier op aarde een eigen ruimte hebben. Heb je er moeite mee dit gevoel van thuis-zijn in jezelf te vinden? Het feit dat je deze kaart hebt getrokken lijkt daarop te wijzen. Je hebt misschien op een praktisch, materieel niveau moeite om voor jezelf een thuis te maken, maar dat duidt er waarschijnlijk op dat je je ook niet op je gemak voelt in je innerlijke wereld. Daar kan de energie van de wevervogel je, zowel op een materieel als op een innerlijk niveau, bij helpen. Zij geeft je het gevoel dat je een plaats op aarde hebt.

De wevervogel bouwt zijn huis in een gemeenschap. Iedereen maakt op de een of andere manier deel uit van een gemeenschap. Je werd geschapen als een individuele ziel binnen een familie van zielen. Dat is je ware familie, de echte gemeenschap waartoe je behoort. Het kan echter zijn dat de band met die familie op het uiterlijke, materiële vlak niet mogelijk is: ze bevinden zich misschien elders op aarde of ze zijn niet in een fysiek lichaam geïncarneerd. De uiteindelijke gemeenschap waartoe je behoort is dus iets waarmee je je op een innerlijk niveau verbindt. Dit maakt deel uit van wat wordt bedoeld met 'thuiskomen'. Je wordt bemind en herkend door je eigen familie en ergens op je spirituele reis zul je ze vinden, op het uiterlijke of het innerlijke niveau. Je kunt het alles-overstralende bewustzijn van de wevervogel vragen je persoonlijk bij te staan bij het proces van het thuiskomen in je eigen zielsgemeenschap. Het is een grote stap op de reis naar werkelijk weten wie je bent.

44 DE PATRIJS **44**

Affirmatie
'Ik vraag het alles-overstralende bewustzijn van de patrijs me te helpen
Gods liefde in mijn ziel toe te laten.'

De patrijs

44

Patrijzen, frankolijnen, parelhoenders en andere vogels die op de grond leven hebben een energie die sterk op elkaar lijkt en die in principe dezelfde boodschap overbrengt. Ze vragen ons ons aan te sluiten bij het nederige legioen van Gods schepselen die weten dat ze, ook al kunnen ze zich niet ver van de grond verheffen, werkelijk bemind zijn.

Je hebt vandaag de kaart van de patrijs getrokken om je eraan te herinneren dat alleen de mens zichzelf zo serieus neemt, dat hij zichzelf niet kan zien als iemand die Gods liefde waard is. Alle andere schepselen koesteren zich in de warmte van Gods liefdevolle omhelzing, maar de mens laat deze liefdevolle omhelzing niet als iets vanzelfsprekends in zijn lichaam en ziel toe. Je blokkeert de stroom op grond van honderdduizend schuldgevoelens en manieren waarop je jezelf veroordeelt. De patrijs-kaart vraagt je Gods liefde en aanvaarding door je heen te laten stromen en zo je hart dat zo pijn doet te genezen. Jij bent de enige die deze keuze kan maken.

God is bereid je in een oogwenk te vergeven, maar je moet eerst jezelf vergiffenis schenken. Dat is voor ieder mens het allermoeilijkste wat er is: accepteren dat wat jij ziet als je eigen vreselijke tekortkomingen en schaamte, nooit zo groot is dat God het niet kan vergeven, als jij ten minste jezelf kunt vergeven. Soms is een ander vergiffenis schenken de sleutel waardoor je dat ook bij jezelf kunt doen. Vandaar dat we zo veel mensen aantrekken die ons exact de spiegel van ons eigen gevoel van schaamte voorhouden. We haten die mensen vaak omdat we niet zien hoe onze schaduwkant zich duidelijk in wat zij doen weerspiegelt. De sleutel is vergiffenis. Als je namelijk mededogen en aanvaarding kunt opbrengen voor een ander, kun je jezelf ook beter vergeven.

Als je altijd al de patrijs of een andere soortgelijke vogel als je eigen favoriete symbool hebt gezien, dan ben je al een van die nederige schepsels die weten dat ze, ondanks al hun onhandigheid en ogenschijnlijk gebrek aan sierlijkheid, echt bemind zijn. Jij kunt op grond van jouw natuurlijke liefde voor jezelf anderen helpen een hoger niveau van zelfaanvaarding te bereiken. Het alles-overstralende bewustzijn van de patrijs staat je altijd ter beschikking om iemand te helpen die er moeite mee heeft zichzelf te aanvaarden. Vraag en je zult weldra Gods alomtegenwoordige liefde voelen.

45 DE KWIKSTAART **45**

Affirmatie

'Ik vraag het alles-overstralende bewustzijn van de kwikstaart me bij te staan. Ik geef toe dat ik wel een opkikkertje kan gebruiken!'

De kwikstaart

45

Kwikstaarten brengen vrolijkheid. Het kwikstaartje met zijn wippende staart brengt de vibratie van zijn omgeving meteen op een hoger peil – je kunt er gewoon niets aan doen dat je om dit vrolijke vogeltje moet glimlachen.

Als er opeens een kwikstaart door je leven vliegt, houd dan op met wat je aan het doen bent en richt je op zijn energie. Als je die door je heen laat gaan, leef je op. Dat doet de kaart van de kwikstaart ook, hij komt in je leven om je op te fleuren. Als je middenin een crisis zit of je gewoon down voelt, is de energie van de kwikstaart bij jou precies aan het goede adres. Kijk verder dan je neus lang is en laat je door het leven zelf een duwtje in de goede richting geven. Dan kun je met nieuwe energie en een nieuw perspectief de draad weer oppakken.

Als je je altijd al verbonden hebt gevoeld met de kwikstaart als jouw speciale vogel, ben je een van die gelukkige mensen die een situatie als vanzelf opvrolijken. Dat is een geweldige eigenschap die door de meer droefgeestigen onder ons bijzonder op prijs wordt gesteld.

De alles-overstralende tegenwoordigheid van de kwikstaart is een echte bron van vreugde waaruit je elk moment kunt putten. Je hebt deze kaart gekozen omdat je zijn energie nodig hebt. Neem dus even tijd om het alles-overstralende bewustzijn van de kwikstaart te vragen je het zetje te geven dat je in je huidige situatie nodig hebt. Er komt echt antwoord.

46 DE RAAF **46**

Affirmatie
'Ik vraag het alles-overstralende bewustzijn van de raaf me te laten zien wat God met me voor heeft. Ik weet dat de optredende verandering de manier is waarop de liefde mij dichter brengt bij het ultieme huwelijk, dat van het Zelf met God.'

De raaf

Raven spreken tot ons over verandering en transformatie. Dit kan soms de dood betekenen, maar dat hoeft, net als bij de uil, niet noodzakelijkerwijs een lichamelijke scheiding te betekenen. Het is veel meer het eind van de ene en het begin van een andere manier van leven. Raven zijn geen boodschappers van iets sinisters, het zijn de krachtige overbrengers van het heilige woord van God.

Als je nu de kaart van de raaf hebt getrokken, brengt God je een krachtige boodschap. De essentie daarvan is: 'Beminde, ik groet je als mijn kind. Ik wil dat je Mij nu ziet. Daarom trek Ik de sluier opzij zodat je de illusie van de afgescheidenheid kunt doorbreken en Mijn gezicht kunt zien. Ik ben liefde. Ik kom eraan.'

Als de raaf altijd al een grote rol in je leven heeft gespeeld, ben je misschien ook een instrument voor het woord van God. Misschien kun je die boodschap van liefde ook overbrengen aan mensen die door God geroepen worden.

47 DE JAN-VAN-GENT **47**

Affirmatie
'Ik dank God voor de zegeningen die me vandaag worden geschonken. Ik ben bereid ze allemaal te ontvangen. Het aantal zegeningen dat ik bereid ben te ontvangen is onbeperkt.'

De jan-van-gent

De jan-van-gent is een zeevogel. Hij wordt in het Engels geassocieerd met hebzucht. Het woord 'gannet' betekent daar namelijk ook 'hebberd'. Het alles-overstralende bewustzijn van de jan-van-gent is in wezen een heel sterke energie, die je te hulp kunt roepen als je in je leven iets wilt vermeerderen. Of het nu gaat om geld, liefde, een baan – waar je ook maar meer van wilt hebben – de energie van de jan-van-gent kan je hierbij helpen.

Je hebt vandaag de kaart van de jan-van-gent getrokken omdat het leven je, of je je daar nu bewust van bent of niet, de kans biedt iets te vermenigvuldigen. Waar heb je volgens jou op dit moment meer van nodig? Sta daar eens even bij stil. Vraag dan het alles-overstralende bewustzijn van de jan-van-gent met je samen te werken. Visualiseer tot in de details waar je om vraagt en houd dat beeld zolang mogelijk vast. Doe dit telkens als je gedurende de dag een momentje hebt. Wees niet bang om te eisen wat je nodig hebt. We blokkeren de stroom van overvloed maar al te vaak door ons gevoel dat we het niet waard zijn om te ontvangen. Weet dat je dit verdient en gebied het leven het je te geven.

Als de jan-van-gent een krachtig symbool voor je is, bezit je de potentie om de positieve energie van deze vogel aan te wenden om datgene in overvloed te creëren wat voor jou belangrijk is. Gebruik wat deze machtige vogel je te bieden heeft met onderscheidingsvermogen!

Je hebt vandaag de kaart van de jan-van-gent gekozen omdat er een stroom van welwillende universele energie naar je toekomt. Je kunt ervoor kiezen die in je voordeel te laten werken of je kunt de zegeningen die ze je brengt tegengaan doordat je niet bereid bent om te ontvangen. Je Zelf gunt je alles wat het heelal je kan geven. Kun je jezelf toestaan zo groot te zijn, dat je alles van het leven kunt ontvangen?

48 DE KLAUWIER **48**

Affirmatie

'Ik vraag het alles-overstralende bewustzijn van de klauwier me bij te staan als ik deze situatie doorbreek en op een hoger plan breng. Ik vraag God of Hij het proces tot een harmonieuze oplossing wil brengen.'

De klauwier

48

Klauwier-energie is hardvochtig en niet voor de poes. De klauwier wordt in het Engels ook wel de 'butcher bird', de 'slachter' genoemd. Hij prikt zijn prooi namelijk op dorens en prikkeldraad. En dat geeft precies aan hoe deze energie aanvoelt.

Je hebt vandaag in antwoord op een bepaalde vraag of als dagelijks ritueel de kaart van de klauwier gekozen omdat je zijn energie nodig hebt om op een bepaald gebied volslagen ongevoelig en meedogenloos te zijn. Soms heb je klauwier-energie nodig om iets gedaan te krijgen of iemand opzij te schuiven die de voortgang van een proces in de weg staat. Hiervoor heb je helderheid en doelgerichtheid nodig en een absoluut vertrouwen in je eigen vermogen om het goede te doen. Je mag alleen van klauwier-energie gebruik maken als je zeker weet dat wat zich manifesteert voor alle betrokkenen het allerbeste is.

Klauwier-energie gaat vaak gepaard met woede. Je kunt deze gebruiken om door een situatie die is vastgelopen heen te breken, maar dan moet je het wel bij het juiste eind hebben. Je moet handelen vanuit jouw waarheid en geen beschuldigingen uiten of mensen in hun waarde aantasten. Als je je woede gebruikt als een zwaard om alle overbodige franje weg te kappen en tot de kern van de zaak door te dringen, maak je op een uiterst helende, constructieve manier gebruik van klauwier-energie. Je kunt gemakkelijk in de emotie van woede verstrikt raken en dan verlies je het potentieel om de situatie naar een hoger niveau op te tillen. Als je van het alles-overstralende bewustzijn van de klauwier gebruik maakt om je bij te staan als je toeslaat, kom je tot de ontdekking dat de zwaardhouw van de woede absoluut effectief is en kun je afstand nemen van de onrust die woede in je teweegbrengt. Als je je tot de klauwier aangetrokken voelt als symbool, ben je een machtige tegenstander. Verbind je als je van dit soort energie gebruik maakt altijd met het hoogste goed, anders wordt de in aanleg zeer destructieve invloed van zijn meedogenloosheid misschien te sterk. Sta in je eigen waarheid, verbind je met God, dan kun je op een schitterende manier oude patronen doorbreken en ze op een hoger plan brengen.

49 HET WINTERKONINKJE **49**

Affirmatie

'Ik vraag het alles-overstralende bewustzijn van het winterkoninkje met me samen te werken om oude gedachtepatronen die hebben afgedaan uit mijn lichaamscellen te verwijderen. Ik kies er nu voor om te geloven dat vreugde, voorspoed, gezondheid, geluk en liefde voor mij voor het oprapen liggen en dat alles voor mij altijd volmaakt uitpakt.'

Het winterkoninkje

Het winterkoninkje is een piepklein vogeltje. Hij roept bij iedereen vertedering op. Net zoals bij het roodborstje, is zijn aanwezigheid een verrukking waar het hart van opfleurt. Zijn energie is echter heel anders dan die van het roodborstje. Hij geeft ons de kans boven de driedimensionale strijd van pijn en lijden uit te stijgen naar een hogere dimensie van de werkelijkheid, waar de mogelijkheid bestaat dat alles wat je doet goed afloopt. Hier heersen volmaakte vrede, blijvend geluk en zuivere liefde. Het winterkoninkje draagt de weerklank hiervan met zich mee. Als je het alles-overstralende bewustzijn van het winterkoninkje dus vraagt met je samen te werken, wordt je getoond hoe je boven het gevoel van eindeloze strijd kunt uitstijgen zodat je de vreugde kunt zien die achter de ogenschijnlijke façade van dood en verval zindert.

Je hebt vandaag de kaart van het winterkoninkje getrokken om je naar een bewustzijnsniveau te brengen vanwaaruit je een verandering teweeg zult moeten brengen in je verwachtingen ten aanzien van het leven. Jij gelooft dat het leven moeilijk hoort te zijn, dat de kans klein is dat de dingen voor jou goed aflopen en de kans groot is dat alles faliekant verkeerd gaat. Besef je eigenlijk wel dat dit precies is wat er gebeurt tot je verandering in die diepgewortelde overtuiging brengt? Iedereen moet zich zelf uit die massahypnose bevrijden en het directe verband leren zien tussen wat hij of zij gelooft en de werkelijkheid zoals die in zijn of haar leven tot uiting komt.

Zie je die samenhang eenmaal en besef je dat je zelf een andere keus kunt maken, dan treden er geweldige veranderingen op. Ga dus bewust met je gedachten en diepe onbewuste overtuigingen aan de slag. Onderdruk alle negatieve gedachten en stel er positieve affirmaties tegenover. Mediteer om te leren hoe je je met je innerlijke wezen kunt verbinden en leer dan hoe je jezelf moet herprogrammeren om nieuwe dingen mogelijk te maken. Er is daar ergens een werkelijkheid die reageert op jouw absolute vertrouwen dat er in jouw leven alleen goede dingen zullen gebeuren. Als je dat eenmaal gelooft, is dat je werkelijkheid. Is dat niet de moeite van het proberen waard? Het alles-overstralende bewustzijn van het winterkoninkje herinnert ons aan de mogelijkheid van positieve resultaten. Zo klein als hij is, is dit vogeltje de drager van dit absolute vertrouwen. Als je je hierop afstemt, brengt dat je vast en zeker naar je eigen absoluut zekere weten dat voor jou van nu af aan alleen goede resultaten mogelijk zijn.

50 🪶 DE STRUISVOGEL 🪶 **50**

Affirmatie
'Ik zie mijn struisvogel-zelf en zie het licht waardoor het wordt omgeven. Ik vraag het alles-overstralende bewustzijn van de struisvogel me te helpen om mijn visie uit te breiden om zo boven de tegenstellingen te kunnen uitstijgen en echt in iedere cel van mijn lichaam te weten dat er enkel licht is.'

De struisvogel

De struisvogel staat erom bekend dat hij zijn kop in het zand steekt als hij niet wil zien wat er om hem heen gebeurt. Hij staat er ook om bekend dat hij niet kan vliegen. De alles-overstralende energie van de struisvogel is er voor mensen die de bescherming nodig hebben van de geruststellende werkelijkheid waarin ze gevangenzitten en die niet willen weten dat er aan de andere kant van de tralies van hun gevangenis blauwe lucht en licht zijn. Stel je, voordat je lachend zegt dat je daar natuurlijk niet bij hoort, eerst de vraag: 'Geloof je echt dat er alleen maar licht is?' Als je eerlijk tegen jezelf bent, zal het antwoord je verbazen. Het is namelijk echt zo dat er enkel licht is. Jij bent dat licht en alles om je heen is dat ook. Er bestaat geen deeltje, subdeeltje of microdeeltje dat geen licht is. Het licht van God is overal. Duisternis is de ogenschijnlijke afwezigheid van licht, maar als elk deeltje van die duisternis ook God is, is dat dus ook licht. Er is dus enkel licht.

Heb je vandaag de kaart van de struisvogel gepakt, dan wordt je gevraagd in alle ernst naar die uitspraak te kijken. De struisvogel steekt zijn kop in het zand en wil niet zien dat dat niet echt de werkelijkheid is die hem omringt. Licht is dat wel. Haal je hoofd alsjeblieft heel even uit het zand en kijk om je heen. Wij zijn omgeven door een werkelijkheid die veel opwindender is. Je beperkt je gezichtsveld – stel je open!

Als de struisvogel altijd al een sterk symbool voor je is geweest, wil dat niet noodzakelijkerwijs zeggen dat je iemand met een ongelooflijke tunnelvisie bent! Het zou kunnen betekenen dat je op een heel diep niveau werkt met de les waar struisvogel-energie mee werkt, namelijk boven de tegenstellingen – licht en donker – uitstijgen en in elke cel van je lichaam laten doordringen dat er daar bovenuit maar één God is – Licht – waarin de paradox van de tegenstellingen zich oplost. Daar heersen gelukzaligheid, vreugde, liefde. Weten dat er enkel licht is, is uiteindelijk bevrijd worden van de noodzaak van het kennen van de duisternis.

51 DE NACHTZWALUW **51**

Affirmatie
'Ik ben bereid mijn grootste angsten onder ogen te zien. Ik vraag het alles-overstralende bewustzijn van de nachtzwaluw me te helpen ze naar het bewustzijn te brengen, dan zal ik ze overwinnen.'

De nachtzwaluw

Nachtzwaluw-energie komt uit het duister. Overdag lukt het ons wel om onze angsten en zorgen te onderdrukken, maar in het donker duiken ze op, en houden ons uit de slaap. Het alles-overstralende bewustzijn van de nachtzwaluw werkt eraan om onze diepste angsten naar ons bewustzijn te brengen, zodat wij ze onder ogen kunnen zien en de baas kunnen worden.

Je hebt de kaart van de nachtzwaluw getrokken omdat er een diepe angst in je opkomt, waarop je waarschijnlijk al vat probeert te krijgen. De kaart zegt dat je hulp kunt gebruiken; misschien een therapeut – maar ten minste iemand die je begrijpt en met wie je die angst kunt delen. Verwijt jezelf niet dat je die angst niet weg kunt redeneren. Een grote angst als deze laat zich door rationaliseren niet afschrikken. Hij is je nu te groot.

De eerste stap is dat je de angst benoemt. Herhaal de naam die je hem hebt gegeven en voel de plek in je lichaam waar hij zit. Als je de angst hebt beschreven, voel je misschien hoe hij zich verplaatst in je lichaam. Daardoor verandert ook de oorspronkelijke naam enigszins. Ga hiermee door – de angst benoemen en in je lichaam volgen – tot je de plek vindt waar de energie op een natuurlijke manier tot rust komt. Je moet dit waarschijnlijk heel vaak doen, maar steeds duidelijker voel je dat jij de angst niet bent. De angst heeft jou in zijn greep, maar jij staat er in feite buiten en probeert hem te benoemen. Je wordt de meester die ziet hoe de angst door je lichaam beweegt in plaats van het slachtoffer over wie de angst de volledige controle heeft.

De tweede stap is dat je de gebeurtenis terugvindt waardoor de angst is veroorzaakt. Daarbij heb je waarschijnlijk deskundige hulp nodig. Gelukkig zijn daarvoor prachtige therapieën die je ook helpen negatieve energie uit je lichaamscellen te verwijderen en daarmee uit je werkelijkheid.

De nachtzwaluw is een katalysator voor het bewust worden van je diepste angsten. Als je al therapie volgt en vertrouwt op je vermogen om je ergste angsten onder ogen te zien en te overwinnen, vraag het alles-overstralende bewustzijn van de nachtzwaluw dan je te helpen die angsten los te laten. Dit zal je proces aanzienlijk versnellen en je volledig zuiveren. Dan kan niets je er nog van weerhouden om tot uitdrukking te brengen wie je werkelijk bent. Doe dus, als je zover bent, een beroep op de nachtzwaluw en dans het licht in!

52   DE SPECHT   **52**

Affirmatie

'Ik moet verder met ... Ik vraag het alles-overstralende bewustzijn van de specht me hierbij terzijde te staan tot ik mijn doel bereik. Ook vraag ik mijn goddelijke Zelf me te laten zien of dit doel al dan niet in overeenstemming is met mijn hoogste doel en mij, mocht dat niet het geval zijn, een beter doel te tonen.'

De specht

De specht heeft een heel sterke vibratie. Met andere woorden, die energie kan heel sterk invloed uitoefenen op de materie. Het vermogen van de specht om geduldig het hout van een boom weg te hakken tot hij een nesthol heeft gemaakt laat zien hoe sterk die energie is.

Je hebt vandaag in antwoord op een bepaalde vraag of als dagelijks ritueel de kaart van de specht gekozen omdat je een energie nodig hebt die voortdurend en onafgebroken met je samenwerkt om een bepaald doel te bereiken. Wat probeer je op dit moment in je leven te verwezenlijken? Staat je een bepaald doel voor ogen en wil je dat kostte wat het kost bereiken? Wil je bijvoorbeeld afvallen of studeren? Bij alles waarvoor je doelgerichtheid, wilskracht en toewijding nodig hebt kun je de hulp van het alles-overstralende bewustzijn van de specht gebruiken. Het helpt je beslist om de juiste koers aan te houden. Sommige spechten hebben een kuif. Die kuif is een aanwijzing dat hij je ook kan helpen contact te maken met je hogere zelf, zodat wat je bereikt een uitvloeisel is van je goddelijke aard.

Als de specht je favoriete vogel is, ben je een toegewijde, harde werker die in de materiële wereld zijn of haar sporen waarschijnlijk al verdiend heeft. Dat is een prachtige eigenschap, maar de energie is nog sterker als ze in overeenstemming is met de goddelijke wil.

Zoals dat met alles in het leven het geval is, bereik je je doel gemakkelijker als je meteen aan het begin al weet waar je naartoe wilt. Vraag het alles-overstralende bewustzijn van de specht je terzijde te staan en zeg dan heel duidelijk en gedetailleerd wat je uiteindelijk voor ogen staat. Bedank hem voor zijn hulp en zet 'm op!

53 DE HAAN **53**

Affirmatie

'Ik ben de kampioen van de wereld! Ik vraag het alles-overstralende bewustzijn van de haan me vandaag te helpen kraaien.'

De haan

Haan-energie is de aanmatigende, triomfantelijke kreet van iemand die zich heer en meester van het heelal waant! De haan weet dat hij de koning van de wereld is en wekt iedereen om dat te laten weten. De haan is in zijn energie bepaald niet subtiel, maar doet ook beslist geen afbreuk aan zichzelf. Hij wil iedereen laten weten dat hij de mooiste vogel van de wereld is!

Je hebt vandaag de kaart van de haan gekozen omdat je jezelf moet toestaan triomfantelijk en vol vreugde te kraaien. Gun jezelf een ogenblik van pure, onvervalste vreugde. Je hebt een berg beklommen en kraait nu victorie. Laat de kans om een beetje te kukelekuen vooral niet voorbijgaan. Laat je maar gaan! De wereld kan best wat uitbundige vreugde-energie gebruiken. Dat doet haar hart goed.

De hen daarentegen is wat terughoudender dan haar parmantig rondstappende echtgenoot. Haar energie is die van 'het je laten aanleunen'. Door het positieve aspect van deze energie kan de arme hen het afgrijselijke misbruik van de legbatterijen overleven. Ze laat zich alles welgevallen waar het leven haar mee opzadelt.

De meesten van ons gedragen zich het grootste deel van ons leven als hennen. We 'pikken' allerlei situaties die ons onwaardig zijn en vreugdeloze toestanden die ons in onze vrijheid beperken. We hebben die geduldige, gelaten hen-energie nodig om de dagelijkse, vastomlijnde sleur aan te kunnen. Maar af en toe gebeurt er iets waardoor we door dat gevoel van verdoving heen kunnen breken en voelen we een onvervalste, onbelemmerde, zegevierende, glorieuze, kraaiende triomf. Als dat gebeurt, ga er dan helemaal voor!

Als de haan je favoriete symbool is, kun je uitstekend kraaien! Je geeft jezelf de ruimte om uitbundig en triomfantelijk los te barsten: 'Kijk eens hoe geweldig ik ben!' En dat ben je ook! We zouden eigenlijk allemaal elke ochtend wakker moeten worden met ongegeneerde haan-energie: 'Goedemorgen, prachtige dag, kijk eens hoe mooi ik ben, hier sta ik in al mijn pracht en daar mag jij je licht op laten schijnen – IK BEN DE KAMPIOEN VAN DE WERELD!' Begin je dag zo en je zult zien hoe het leven je terstond gehoorzaamt!

54 DE DODO **54**

Affirmatie

'Ik vraag het alles-overstralende bewustzijn van de dodo met me samen te werken zodat ik alles los kan laten wat in mijn energiestelsel oud is en stagneert (of dit te bewerkstelligen bij degene die mijn hulp heeft ingeroepen). Ik vraag of zo door mij (of door de persoon in kwestie) heen een hogere uiting van het Zelf tot uitdrukking mag komen.'

De dodo

De dodo is hier een vreemde eend in de bijt – hij is immers uitgestorven – maar we kunnen nog steeds uit zijn energie putten. Geen enkel schepsel dat op aarde heeft bestaan verdwijnt ooit echt. Zijn lichaam mag hier dan niet meer zijn, zijn bewustzijn kan nooit vernietigd worden. Het lichaam weerspiegelt gewoon de tegenwoordigheid op aarde van een wezen waarvan het bewustzijn zich in andere vormen in andere werkelijkheden kan uitdrukken.

Je hebt vandaag de kaart van de dodo gekozen omdat iets in je verder wil. Er is een overtuiging, een opvatting, een oud, vermoeid iets waarmee je niets meer kunt. We beseffen vaak niet dat we bepaalde dingen in onze huidige werkelijkheid tot uiting brengen omdat we nog steeds geloven in dingen waarin onze ouders en grootouders geloofden, hele belangrijke dingen zoals 'Het wordt nooit wat met mij' en 'Niemand zal ooit echt van me houden'. Als je op een bepaald terrein van je leven met je kop tegen de muur loopt, loop je waarschijnlijk tegen een van die overtuigingen aan. Als het je in je leven ergens aan ontbreekt, zegt dat kennelijk iets over wat je gelooft. Kijk daar naar, schaf je oude overtuigingen af en neem nieuwe, vrijere overtuigingen aan.

Put daarvoor uit de energie van de dodo. Vraag het alles-overstralende bewustzijn van deze vogel of hij je wil helpen achterhaalde overtuigingen los te laten en ruimte te maken voor nieuwe. Dodo-energie is verfijnder dan je op grond van het feit dat het een vogel was die niet kon vliegen en die tot een ouder tijdperk behoorde, zou verwachten. Deze energie bezit een heel sterke louterende kracht. Ze bevrijdt je van de oude energie waarin je gevangenzit.

Als je je altijd sterk tot de dodo aangetrokken hebt gevoeld, werk je misschien al als energetisch genezer of als lichaamswerker, waarbij je mensen met name helpt oude constructies waarin ze gevangenzitten, los te laten. Dan werk je dus zonder dat je dat in de gaten hoeft te hebben met dodo-energie. Als je een meer bewuste band met de dodo aangaat, zul je merken dat je je werk nog beter kunt doen. Vraag het alles-overstralende bewustzijn van de dodo met je samen te werken en voel hoe het prachtige bewustzijn in de situatie ingrijpt en weghaalt wat moet verdwijnen.

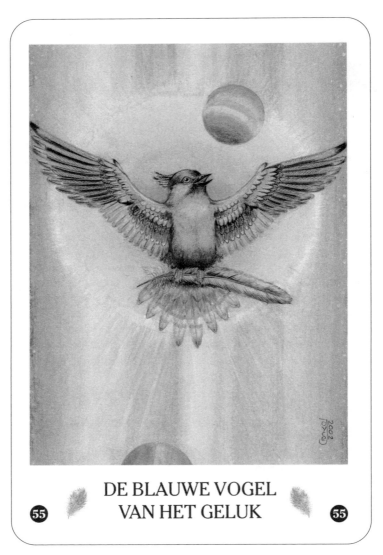

DE BLAUWE VOGEL VAN HET GELUK

55 **55**

Affirmatie

'Ik hoef vreugde niet te vrezen, het is wat IK BEN. Ik vraag het alles-over-stralende bewustzijn van het vogelrijk mij te vullen met de vreugde die ik ben vergeten. Breng me van begrijpen dat ik volmaakt ben naar weten dat IK BEN. Herinner me eraan dat er niets hoeft te worden veranderd. IK BEN al heel en ben dat altijd geweest. Ik vraag het alles-overstralende bewustzijn van het vogelrijk me te vullen met zijn vreugde, liefde en vrede. Til me op en help me vliegen.'

De blauwe vogel
van het geluk

De blauwe vogel van het geluk bestaat hier niet echt, het is een ervaring in het hart. Het is dat kleine sprankje vreugde dat doorbreekt en uitbarst in lachen en liefde. Het is de ziel die door de persoonlijkheid heenbreekt en ons eraan herinnert dat vreugde ons geboorterecht is.

Als je vandaag deze kaart hebt gepakt, probeert er geluk op te borrelen door de eenzaamheid en het gevoel van geïsoleerdheid heen. Laat dat gebeuren en voel je gelukkig. Geluk is een grote genezer. De energie van gelukkig zijn vult je cellen met genezende vibraties. Sta jezelf toe je gelukkig te voelen. Deze kleine, blauwe vogel is slechts een symbool, maar vertegenwoordigt wel de plek in het hart die weet wat vreugde is. We hebben allemaal zo'n plekje, zelfs als we er zelden contact mee maken. Het is de plek in ons hart waar we God kennen. Als mens zijn we het ongelukkigst als we ons afgesneden voelen van de Geest. We doen dat echter zelf en vragen ons dan af waarom we ons zo verloren en eenzaam voelen. Geest is vreugde, liefde en geluk.

Dit blauwe vogeltje vertegenwoordigt de essentie die het vogelrijk in z'n geheel ons als mens biedt. We kennen allemaal het opbeurende gevoel dat de komst van een vogel, welke vogel ook, ons geeft als we terneergeslagen zijn. Vogels zijn de dragers van verschillende vibraties, maar brengen ons in wezen dezelfde boodschap: 'Wij zijn allen één. Jij maakt deel uit van mij. Ik kom naar je toe als deel van je Zelf om je eraan te herinneren dat God de essentie is van wie je bent. Je bent een magnifiek wezen, gemaakt naar het beeld en de gelijkenis van God. Je ervaart jezelf als afgescheiden van Hem, maar wij, vogels, zijn net als de engelen, wij weten dat er geen scheiding bestaat en dat God gewoon in ons is. Onze aanwezigheid in je leven is de wijze waarop God deze aarde zegent om hier de mogelijkheid van vreugde, liefde en vrede levend te houden tot jullie beseffen dat jullie dat zelf zijn.'

Toelichting van de kunstenares

De oorspronkelijke tekeningen zijn gemaakt op A 5-formaat. Ik heb de fantastische kleurpotloden van Berol Karisma gebruikt en soms witte verf voor bijvoorbeeld de glimlichtjes in de ogen.

Regenbogen zijn voor mij persoonlijk altijd een teken van iets positiefs en liefdevols, een teken of voorteken van iets heel moois of een aanduiding van iets speciaals. (Opmerking van de schrijfster: Toen ik naar de luchthaven reed om het vliegtuig naar Oostenrijk te nemen voor het internationale gebeuren waar ik in contact zou worden gebracht met Joyce, was er een regenboog die zich van de ene kant van de hemel naar de andere uitstrekte, zo intens van kleur als ik nog nooit gezien heb. We reden 'er onderdoor' naar het vliegveld. De eerste kaart die Joyce als voorbeeld voor me tekende was een ijsvogel, omcirkeld door een regenboog. Ik heb in de Inleiding uitgelegd waarom die ijsvogel zo belangrijk voor me was, maar die regenboog betekende ook heel veel voor me.)

1 De duif
Ik heb de duif gezet op een kom van jade (bescherming, zuivering, in harmonie brengen) en amethist (hoger bewustzijn) met een brandend wierookstokje in zijn snavel en heb ook brandende wierookkegeltjes in de kom getekend om aan te geven dat het de taak van de duif is de omgeving te zuiveren.

2 De zwaluw
Zachte regenboogachtige kleuren overal symboliseren vreugde. Het regenbooglint geeft symbolisch het vreugdevolle pad aan naar het licht.

3 Het roodborstje
Het roodborstje heeft een hart van diamant in zijn snaveltje als symbool van de zuiverste liefde, de liefde van God. Rozen zijn natuurlijk een symbool van de liefde en de roze, volkomen open roos is een afbeelding van het volledig tot bloei komen van het hart-chakra.

4 De havik

De bliksemflits wordt gebruikt als symbool voor een doorbraak. De diamanten driehoek wijst naar boven. Hij geeft daarmee de richting aan naar hoger bewustzijn en houdt ook in dat je met die energie voorzichtig moet omgaan omdat ze zo sterk is. De havik zit op een rotsblok waaruit granaatkristallen groeien (voor energie en volharding).

5 De tortelduif

Ik heb gekozen voor het nachthemelsilhouet van de tortelduif om aan te geven dat het zijn taak is ons te herinneren aan onze eenheid met het heelal. Ik heb zachte kleuren gebruikt voor de zachtaardigheid van de duif en drie diamanten voor zijn kracht. Op de achtergrond staan olijftakken voor vrede.

6 De mus

Als symbool voor het gezelschap van familie en vrienden heb ik achter de vogels een 'netwerk' van gouden kralen en smaragden getekend om de sfeer van welzijn in harmonie over te brengen.

7 De papegaai

De papegaai zit hoog in een boom (een hoger perspectief). In de eieren staan verschillende tafereeltjes afgebeeld, die symbolisch staan voor verschillende gezichtspunten. Op de grond staan dichte eieren die duiden op standpunten die nog niet onderzocht zijn.

8 De lijster

Een harmonieus groen landschap ademt vrede. Uit de etherische harp die stralend aan de lucht staat stroomt opbeurende, hemelse muziek naar beneden die weerklinkt in een ieder die haar 'wil' horen en die evenwicht en harmonie op aarde brengt.

9 De merel

De merel wordt omgeven door een beschermende kring van scherpe kristalpunten, maar de deuren van de innerlijke poort staan wijd open en daar word je verwelkomd door het warme, roze licht van de liefde.

10 De kraai

Een groen pad leidt voorbij een steen waarop magische inscripties (boodschappen uit andere werelden) staan en door een poort naar een tempel, waar de violette vlam van de hoogste wijsheid brandt. De kraai, de boodschapper, zit op een gebogen lichtstraal die de verbinding vormt tussen onze wereld en de hogere werelden.

11 De pauw

Het alziend oog wordt op allerlei manieren symbolisch voorgesteld. Er zitten ogen in het stuk malachiet en ze prijken natuurlijk ook op de veren in de pauwenstaart. Om de nek van de pauw hangt een juweel met het alziend oog van God. Er leidt een pad naar een tempel in de verte, die symbolisch staat voor het Zelf.

12 De zwaan

Bovenaan de afbeelding staan beelden van dag en nacht als partners in volmaakt evenwicht. Er is een weegschaal met een man/vrouw-symbool als ophangpunt. Op de schalen van de weegschaal bevinden zich twee harten, die beide in een lotus geplaatst zijn. Ze zijn allebei precies gelijk en volmaakt in evenwicht, een aanduiding van het partnerschap tussen twee zielen. Twee regenbogen dalen van het ophangpunt neer naar het water waarop de zwaan zwemt. Aan de horizon bevindt zich het oplichtende silhouet van een tweede zwaan als symbool van de volmaakte partner (en van de innerlijke partner) met wie je in evenwicht moet komen.

13 De adelaar

De adelaar vliegt met de zon (symbool voor de macht van God) in zijn klauwen hoog boven de aarde. Op de verkeerde manier van deze macht gebruik maken heeft een vernietigende uitwerking, maar een juist gebruik ervan bezit een geweldig potentieel voor het goede.

14 De uil

De uil zit op een regenboog als een niet-materiële grens tussen de mystieke en de fysieke werelden. In de fysieke wereld leidt een pad met lichtjes naar een dode boom (die symbolisch staat voor oude patronen die je moet loslaten). Het gouden ei dat in de ruimte zweeft is een symbool voor spirituele krachten die zich nog niet gemanifesteerd hebben, maar die op het juiste moment uit het ei tevoorschijn zullen komen.

15 De ooievaar

De ooievaar ziet vanuit de hoogte hoe uit een vruchtbaar landschap ideeën opstijgen en in de wereld zichtbaar worden.

16 De leeuwerik

De leeuwerik stijgt vastberaden op vanaf een plek vol verdriet en problemen (wervelstormen en regen) via een heldere maar nog steeds donkere lucht, waar al een beetje licht is (stralende sterren), naar luchten die steeds lichter worden. De 'grenzen' tussen deze plekken zijn regenbogen, die symbolisch staan voor de vreugde dat je die overgangspunten naar meer licht hebt bereikt.

17 De nachtegaal

De nachtegaal zingt. Op de achtergrond het universum (symbool van de eeuwige schepping). Aan de horizon verschijnt in een halve kring van schitterende zonnestralen een 'ander' universum – een roze pad van goddelijke liefde leidt door een poort naar een heilige berg. De lichtgevende toren is het symbool van het thuis van de hogere waarheid, het hogere licht en de hogere liefde.

18 De ibis

De ibis staat in het water vlakbij een prachtige roze lotus met op de achtergrond een tempel. Als de ibis naar zijn weerspiegeling in het water kijkt, ziet hij zijn ware zelf, symbolisch voorgesteld door de heilige ibis, de violette lotus en de violette vlammen van de goddelijke wijsheid.

19 De vink

De steen waarop de vink zit is de rhodoniet, die staat voor innerlijke vrede, harmonie, broeder/zusterschap en dienstbaarheid. De regenbogen staan symbolisch voor een nieuwe cyclus. Waar ze elkaar raken, ontstaat een helder licht.

20 De kanarie

De kanarie zit op een doorzichtig groen kristal voor een stralende zon, waaruit een lichtend pad tevoorschijn komt. Het pad wordt verlicht door brandende barnsteen (symbool voor innerlijke vitaliteit en vreugde) zodat je het in vol vertrouwen kunt volgen.

21 De flamingo

Een flamingo staat op een besloten plek, niet zichtbaar voor de rest van de groep. Hij haalt het deksel van een verborgen vaas waaruit een krachtige regenboog stroomt. Die stille daad, die door de anderen niet wordt gezien, brengt schoonheid en zegeningen in de wereld waar iedereen iets aan heeft.

22 De pelikaan

'Loslaten' wordt hier symbolisch voorgesteld door het loslaten van materiële bezittingen (de kralen), maar staat symbolisch ook voor het loslaten van emotionele gehechtheden.

23 De ijsvogel

De ijsvogel zit op een kom met een gouden rand die staat op een voetstuk van aquamarijn. In het goud zijn geslepen aquamarijnen gezet (aquamarijn staat voor diep inzicht en contact met het hogere zelf). De kom bevat alle wijsheid van het universum. Onder de rotsboog door zien we de eindeloze oceaan, die wordt gevoed door de hoge waterval (de cyclus van het water staat symbolisch voor de eeuwigheid).

24 De zeemeeuw

De zeemeeuw vindt een klein rotsblok van charoiet (transformatie en bescherming), waarmee je onbewuste en bewuste angsten kunt genezen. Hoog in de lucht vliegt een albatros als symbool voor het gevoel van vrijheid dat optreedt na de genezing.

25 De reiger

Uit de wolken valt een lichtstraal op de waterval om het water opnieuw van energie te voorzien en te zuiveren. Het licht, de kaarsen, het water en de regen helpen allemaal mee om reiniging en zuivering tot stand te brengen.

26 De eend

Een eend met een vijandige houding tegenover zichzelf zit vast in een grijze wereld. Hij ziet de schoonheid van alle kleuren en aspecten van zijn wezen niet, die hij wel zou kunnen zien als hij verder keek dan de doos van zijn zelfhaat.

27 De pinguïn

De pinguïn voelt zich volkomen gevangen in een eivormige ketting en ziet niet dat er buiten die eivorm een zachtgekleurde aura straalt die volmaakt en vol liefde is. Bovenaan bloeit als symbool van de liefde van God die alles te boven gaat, een heilige lotus.

28 De plevier

De plevier staat op een schijf carneool (voor bescherming en veiligheid). Op de achtergrond dreigt gevaar (donkere wolken, een adelaar, een desolaat rotslandschap). De plevier verlaat de carneool, doet alsof hij gewond is en ontsnapt door een kleine opening naar een groene, vruchtbare wereld waar vrede heerst.

29 De gans

Als symbool van 'overvloedige zegeningen' staat de gans bovenop een grot vol edelstenen in allerlei kleuren. Op de achtergrond leidt een pad naar een berg die is omgeven door wolken. Een fontein van regenbooglicht symboliseert de beloning voor de moeite die het heeft gekost om het moeilijke pad naar de top te beklimmen.

30 De aalscholver

De vogel staat op een rots aan de waterkant te kijken naar een doorgang tussen twee grote kaarsen die naar 'het licht' leidt. Die doorgang wordt omlijst door een regenboog die de grens aangeeft tussen de duisternis en het licht. Daarboven zien we de violette vlam van een diepe verandering.

31 De kraanvogel

In de lucht geeft een hemellichaam het yin/yang-teken te zien, het symbool van het liefdevolle evenwicht tussen tegengestelde krachten die verenigd moeten worden. Je kunt de rivier oversteken, want de beide landschappen zijn niet echt van elkaar gescheiden, maar verbonden door een paar rotsblokken in het water. De regenboog beschermt een hoge zuil, waar een stralend licht de vereniging van alle kleuren laat zien.

32 De kolibrie

De kolibries stijgen op op de geluidsgolven van het 'eeuwige OM', het OM van het bestaan, zichtbaar gemaakt door de OM-symbolen op de achtergrond.

33 De honingzuiger
De stralende honingzuigers zitten op de rand van hun eigen 'zonnen', waarin de silhouetten van honingzuigers (kameraadschap) te zien zijn. Het geheel wordt aangevuld door regenboogkleurige linten (vreugde), edelstenen (geschenken van materiële aard) en het heelal (spirituele gaven).

34 De gier
De gier zit op een rotsblok dat in de lucht drijft als symbool voor iets dat vergiffenis behoeft. Diep in het rotsblok bevindt zich een kom met licht die symbool staat voor het licht en de liefde van het Zelf, die soms schuilgaan in de verste uithoeken. (Terwijl ik steeds opnieuw, tot wel vijf keer toe, de kolibries zat te tekenen, zonder dat ik er tevreden over was, kondigde zich opeens de gier aan. Toen ik die afhad, kon ik zonder enig probleem de kolibries afmaken.)

35 De fazant
De prachtige, vorstelijke fazant zat, zoals elk jaar, vaak in mijn tuin, maar had er nog nooit zo schitterend uitgezien als in het jaar waarin ik deze kaart tekende. Ik nam verschillende foto's van hem omdat hij zulke prachtige kleuren vertoonde. Ik was sprakeloos van bewondering en dus zette ik hem op een voetstuk met stralende lichtcirkels om hem heen.

36 De kalkoen
De verlichte trap, die is bedekt met edelstenen, staat symbool voor de wonderbaarlijke hulp die men onderweg naar deze hoge plek heeft ondervonden.

37 De dwergpapegaai
In een hart van groene edelsteen met kristalfacetten zien we een tweede dwergpapegaai (dat is in feite mijn eigen dwergpapegaai die gedurende het hele proces van het tekenen van deze kaarten op mijn hoofd en schouders heeft gezeten, zodat ik ook voor hem een plaatsje wilde inruimen). In het geopende hart is het universum zichtbaar. Groen is de kleur van het hart-chakra en geel die van de wijsheid. In de lucht zijn twee oplichtende harten te zien. In een daarvan staat de aartsengel Michaël. (Dat silhouet van Michaël doemde op terwijl ik zat te tekenen. Ik deed dat niet bewust. Dat was voor mij des te verwonderlijker omdat

ik in geen van de kaarten een 'menselijke' vorm heb gebruikt.) De gele
lichtboog is het krachtveld van de liefde.

38 De feniks
De feniks klampt zich nog steeds vast aan de tak van het verleden, een
werkelijkheid die in stukken uiteenvalt en in vlammen opgaat. Achter
de vallende legpuzzelstukjes doemt een vredige wereld op, vol beloften
voor een nieuw leven van vreugde en licht. (Het idee van de vallende
legpuzzelstukjes kwam opeens tot me tijdens de pauze van een concert
waar een goede vriendin me mee naartoe had genomen. Ik schreef het
op en wist op dat moment nog niet voor welke vogel ik het zou gaan
gebruiken.)

39 De koekoek
Ik had het gevoel dat ik deze kaart meteen na de scharrelaar moest doen
(zie de aantekening bij 'De scharrelaar'). Als teken van een nieuw begin
tekende ik het boeddhistische wiel van de tijd, dat zich stralend in de
boom vertoont, terwijl de boom zelf de hele cyclus van de seizoenen
laat zien – knoppen, groene bladeren, bruine bladeren en dode
bladeren die naar de grond dwarrelen. Op de achtergrond staan ook
boompjes in lente-zomer-herfst-en-winterkleuren.

40 De zanger
Het prachtige lied van de zanger of fluiter verbindt de stralende
symbolen van het hart-chakra (groen) en het keel-chakra (blauw) met
elkaar en brengt ze in evenwicht, waardoor het kruin-chakra (de
goudkleurige cirkel in het midden) zich helemaal kan openen. De drie
chakra's samen zingen van liefde en spirituele vervulling.

41 De scharrelaar
Ik zat aan de scharrelaar te werken op 11 september 2001 toen de Twin
Towers van het World Trade Centre vielen. Ik had de vogel net af en
moest alleen de pootjes en de achtergrond nog. Het was voor mijn
gevoel heel symbolisch dat ik die vogel precies op dat moment zat te
tekenen – dat de wereld op dat moment de mogelijkheid had om te
verschuiven van afgescheidenheid naar eenheid. Onder de vogel is het
'nieuwe' licht zichtbaar dat straalt achter wat ogenschijnlijk
afgescheidenheid lijkt, overdekt met wolken (illusie). Boven de vogel
staat symbolisch de hernieuwde kennismaking van het Zelf met God
afgebeeld. Daar waar zij elkaar ontmoeten schijnt een helder licht.

42 De wielewaal

De stralende gele kleur van de wielewaal geeft warmte en vreugde als je moe bent. Hij zit op een groot brok citrienkristallen (bescherming die komt vanbinnen uit en levenskracht). Aan de rechterkant bevindt zich onder de zon een veld uitbundig bloeiende zonnebloemen. De bloemen aan de linkerkant zien er dood en bruin uit omdat de energie van de zonnekracht eruit weggetrokken is.

43 De wever

Een landschap met allerlei vormen van 'thuis': een thuis in deze wereld, een thuis in een andere wereld (andere planeten), een zwerm vogels als symbool voor de 'familie' waarvan je deel uitmaakt.

44 De patrijs

Voor deze kaart had ik werkelijk niets in gedachten, ik wist alleen dat ik een hoge horizon moest maken om de vogel echt te 'aarden'. Ik trok dus gewoon een hoge lijn en de rest ging vanzelf. De patrijs staat in een kring van rozenkwarts (liefde). Op de achtergrond een regenbooglucht als symbool voor de liefde van God. De kaars staat daar als een licht om je aandacht te leiden naar de goddelijke liefde.

45 De kwikstaart

Om zich gelukkig te voelen drinkt de kwikstaart uit een bron van licht dat afkomstig is van een 'zonnesteen' (vreugde en vitaliteit). Uit een regenboogkom daalt een bloemenregen neer.

46 De raaf

Dit was ook een hele bijzondere kaart om te doen. Ik deed een eerste poging en nadat ik het idee had opgevat om de raaf het heelal als een gordijn opzij te laten trekken, probeerde ik manieren uit om God zichtbaar te maken – wat uiteraard onmogelijk was. Dus tekende ik een nieuwe kaart waarop de raaf de sluiers optilt waarachter, aan het universum voorbij, God te vinden is, het werkelijke doel van het leven. Hier bestaat geen scheiding.

47 De jan-van-gent

De jan-van-gent zit tussen de vele geschenken die symbolisch staan voor de zegeningen die het leven je schenkt om van te genieten als je jezelf toestemming geeft om ze te ontvangen. Een paarlemoeren maan staat uitbundig te stralen boven de aarde. In de grot straalt een licht met de belofte dat er nog meer geschenken te vinden zijn.

48 De klauwier
Het zwaard heeft als symbool voor woede de rots in tweeën gekliefd. Dit maakt het oplichtende kruis (liefde) zichtbaar, dat door de wolken heen breekt die het zouden kunnen verduisteren. De klauwier zit op een 'doornenkroon', iets dat ons ook herinnert aan de macht en de liefde van de Christus-energie, die ieder van ons ter beschikking staat als we in onze eigen waarheid staan.

49 Het winterkoninkje
De gouden 'tak' waarop het winterkoninkje zit is de gouden weg (inzicht). Aan de lichte kant van de weg bevinden zich overvloed, rijkdom, liefde. In dit hoger gelegen landschap bevinden zich bergkristallen (evenwicht, helderheid). Onder de gouden weg ligt een somber landschap, dat negativiteit, onbewuste opvattingen, voorstelt. Hier bevindt zich rookkwarts (het zuiveren van negativiteit, transformatie en evenwicht). Het landschap vormt in feite één geheel. Of de ervaring licht of donker is wordt uitsluitend bepaald door de gedachten die wij kiezen.

50 De struisvogel
De struisvogel kijkt met een uiterst bewuste uitdrukking naar zijn eigen lichtlichaam – het licht dat hij in werkelijkheid is.

51 De nachtzwaluw
De nachtzwaluw is een nachtvogel die (symbolisch) in diepe, donkere grotten huist. Als hij de trap durft te beklimmen die naar het licht van het innerlijk zelf leidt, komt hij tot de ontdekking dat er geen angst meer is (de uitgestrekte ruimte van het heelal, vol prachtige sterren en een maan).

52 De specht
Na de moeizame arbeid om een gat in de boom te hakken, wordt het werkelijke doel op de juiste plaats en de juiste tijd zichtbaar. Andere krachtsinspanningen hebben soms geen resultaat (de andere boom), maar dat is geen reden om het op te geven. Het kasteel aan het eind van een steile weg staat daar om ons er nogmaals aan te herinneren dat we doorzettingsvermogen nodig hebben om ons doel te bereiken.

53 De haan
Deze kaart gebeurde gewoon. Ik begon met de vogel en de rest ontstond vanzelf (en spreekt voor zichzelf!).

54 De dodo
Voor de dodo had ik heel sterk het gevoel dat ik 'sneeuwvlokobsidiaan' moest gebruiken (voor het bewust loslaten van oude emoties en blokkades). Dus tekende ik een poort waar de dodo doorheen moet om uit een wereld te stappen waarin alles uitgedoofd en oud is en niet meer leeft.

Enige tijd nadat ik deze tekening had gemaakt ontdekte ik in een van mijn boeken dat de dodo alleen op twee vulkanische eilanden voorkwam. Dit was volkomen nieuw voor me en ik was verbaasd, gezien het sterke gevoel dat ik had gehad dat ik voor deze vogel een vulkanisch mineraal (obsidiaan) moest kiezen.

55 De blauwe vogel van het geluk
Deze symbolische vogel ontstond, net als de achtergrond, terwijl ik hem aan het tekenen was. Veel kan ik er niet over zeggen, alleen dat er met al die regenboogkleuren en die helder stralende zon, een sfeer heerst van echt geluk.

Register